Dinner Experience

Principi, Esempi Operativi e Casi di Studio

Ignazio Caloggero

Questo libro rappresenta un approfondimento tematico del volume "Turismo e Marketing Esperienziale. Edizione 2023 del Centro Studi Helios" ed è rivolto principalmente agli studenti che frequentano corsi sulla Dinner Experience. Tuttavia, così come per gli altri volumi precedentemente pubblicati in ambito turistico e culturale, tra cui i volumi Guest Experience e Art Experience, ritengo che possa essere di utilità anche per un pubblico più ampio, includendo professionisti e operatori del settore enogastronomico.

Una delle caratteristiche distintive di questo volume, così come degli altri libri che lo hanno preceduto, è la sua natura di "libro espandibile". Offre infatti la possibilità di arricchire le informazioni con ulteriori dettagli e approfondimenti, anche multimediali, che non sono inclusi direttamente nel testo. In diversi punti sono forniti link e relativi QR code, che conducono a schede di approfondimento accessibili tramite uno smartphone dotato di lettore QR code. Vi incoraggio vivamente a esplorare questi link, che rimandano a centinaia di esempi pratici e casi di studio reali.

Gran parte del contenuto di questo volume è estratto dal corso "Art Experience", la cui pagina dedicata è raggiungibile al seguente link:

https://www.centrostudihelios.it/spe135-dinner-experience/

Introduzione

Come descritto nella premessa, questo libro riprende e approfondisce i concetti espressi in un volume precedente, adattandoli al settore specifico della Dinner Experience. Il volume classifica le Dinner Experience in diverse tipologie: 1) Show Cooking, 2) Sensorial Dinner, 3) Immersive Dinner, 4) Location Dinner, 5) Narrative Dinner, 6) Dinner Show, 7) Art Dinner, 8) School Dinner, 9) Wellness Dinner e 10) Sustainable Dinner, trattando anche concetti essenziali come la Gastrofisica e l'Atmosfera, aspetti fondamentali per le esperienze enogastronomiche. Inoltre, viene presentato il Marchio di Qualità Esperienziale.

Per ciascuno dei principi esperienziali, considerati indicatori chiave di un'esperienza – Multisensorialità, Approccio Culturale, Unicità, Relazionalità, Partecipazione Diretta, Apprendimento Esperienziale, Tematicità, Estetica, Intrattenimento e Immersione – viene descritta la loro applicabilità alle offerte enogastronomiche, fornendo centinaia di esempi pratici e casi di studio.

Il caso di studio principale si concentra su un format esperienziale chiamato "Sapienza dei Sapori: Un Viaggio nel Tempo", pensato per essere accessibile a tutti, senza richiedere tecnologie avanzate o strumenti costosi.

Infine, il libro esplora come l'evoluzione del settore enogastronomico verso una prospettiva esperienziale metta in luce la crescente necessità di nuove figure professionali specializzate nella Dinner Experience, oltre alla specializzazione di ruoli storici nel campo dell'enogastronomia.

1. Dinner Experience

1.1 Concetti Base

Integriamo alcuni concetti già presentati in altri volumi, tra questi, "Turismo e Marketing Esperienziale[1].

Le offerte economiche

Gli americani Pine e Gilmore [L'economia delle Esperienza: Oltre il servizio -1999-2013] distinguono diverse offerte economiche:

- **Le materie prime** (commodity): materiali fungibili estratti dal mondo naturale, animale, minerale o vegetale;
- **I beni:** manufatti tangibili;
- **I servizi:** attività intangibili.
- **Le esperienze:** eventi memorabili che coinvolgono gli individui sul piano personale.

Le esperienze ci sono sempre state, ma nei fatti sono state sempre considerate all'interno dei servizi. Pine e Gilmore individuano delle distinzioni economiche in base al tipo di offerta.

Pine e Gilmore sottolineano il fatto che nel tempo si sia passati da una economia basta prevalentemente sulle materie prime ad una economia prima basata sui beni e successivamente sui servizi e che il XXI secolo costituisce il periodo in cui si assisterà alla trasformazione da una economia basata prevalentemente sui servizi ad un'economia basata sulle esperienze.

---

[1] Ignazio Caloggero: Turismo e Marketing Esperienziale. 2023 Edizione Centro Studi Helios

Esperienze: Eventi memorabili che coinvolgono gli individui sul piano personale [Pine e Gilmore – 1999].

Secondo Pine e Gilmore [L'economia delle Esperienza: Oltre il servizio -1999-2013] le esperienze sono personali, hanno luogo all'interno dell'individuo che viene coinvolto a livello emotivo, fisico intellettuale o anche spirituale.

Esperienze multisensoriali: Esperienze che vedono un coinvolgimento polisensoriale (coinvolgimento di almeno due o più sensi: vista, udito, tatto, olfatto, gusto) (Ignazio Caloggero - 2019-2022)

Il concetto di esperienza trova applicazione in molti ambiti e, nel contesto economico, è spesso considerato una categoria di offerta. Ecco alcuni esempi comuni:

- **Marketing esperienziale**: in questo caso, l'esperienza è utilizzata come strumento per l'erogazione di servizi o la vendita di prodotti. Non si vende solo il prodotto, ma anche l'emozione e l'esperienza che lo accompagnano. Le aziende, quindi, non sono più solo fornitori di beni, ma anche creatori di emozioni e esperienze.
- **Offerta esperienziale**: qui, l'esperienza diventa l'oggetto stesso dell'offerta. L'esperienza è il prodotto principale proposto al consumatore.
- **Turismo esperienziale**: in questo contesto, l'offerta turistica include una o più esperienze, arricchendo il viaggio con momenti di partecipazione attiva e coinvolgimento emotivo.

Dinner Experience: Un'esperienza multisensoriale che ruota attorno al pasto, combinando non solo il cibo, ma anche l'atmosfera e l'ambiente, che diventano parte integrante del contesto esperienziale.

Questo tipo di esperienza, grazie all'applicazione dei principi esperienziali, mira a coinvolgere attivamente i partecipanti, offrendo opportunità di esplorazione gastronomica e apprendimento esperienziale. Attraverso l'uso sapiente di ambientazioni sensoriali (luce, suoni, profumi) ed estetiche (presentazione dei piatti, arredamento, design del locale), oltre a un tema coerente con la proposta culinaria, la **Dinner Experience** trasforma il pasto in un evento immersivo e profondamente coinvolgente, che va oltre il semplice nutrimento.

Per concludere, si può affermare che la Dinner Experience supera il semplice consumo del cibo, trasformandosi in un evento memorabile che coinvolge tutti i sensi. Essa crea un connubio tra gastronomia ed emozioni, rendendo ogni cena un'occasione unica e coinvolgente per i partecipanti.

La **Dinner Experience** mira ad applicare molti di quelli che possono essere considerati i dieci principi esperienziali. Più sono i principi esperienziali applicati, più è elevato il livello di esperienza vissuta dai partecipanti.

Ecco tali principi rivisti nel contesto della **Dinner Experience**:

1. **Multisensorialità: Il percorso esperienziale deve prevedere un coinvolgimento multisensoriale (vista, udito, tatto, olfatto e gusto).**

   Non si tratta solo di gustare il cibo, ma di creare un ambiente in cui i partecipanti possano vivere il pasto attraverso una gamma completa di stimoli sensoriali: la vista nella presentazione dei piatti, il suono dell'ambiente, l'aroma degli ingredienti, il tatto dei materiali utilizzati, e naturalmente il gusto.

2. **Approccio Culturale: Il percorso esperienziale deve permettere di approfondire la conoscenza di elementi di identità culturale.**

La Dinner Experience non si limita al cibo in sé, ma lo inserisce in un contesto più ampio che esplora e valorizza le tradizioni culinarie locali, la storia degli ingredienti e le peculiarità culturali legate al territorio.

3. **Unicità: Il percorso esperienziale deve presentare caratteristiche di unicità.**

Ogni Dinner Experience deve presentare caratteristiche di unicità. Ogni pasto deve essere pensato per offrire un'esperienza irripetibile, con un menu, un'ambientazione e un tema unici nel loro genere, offrendo ai partecipanti qualcosa di speciale e distintivo, impossibile da replicare altrove.

4. **Approccio Relazionale: Il percorso esperienziale deve essere basato sulle relazioni, ponendo al centro l'unicità delle persone.**

Un aspetto fondamentale della Dinner Experience è la creazione di un legame tra lo chef, i partecipanti e il personale di sala, trasformando il pasto in un momento di condivisione, scambio e interazione, sia tra i commensali sia con i professionisti che contribuiscono a creare l'esperienza.

5. **Partecipazione Diretta: Il percorso esperienziale deve prevedere la partecipazione diretta dei partecipanti ad alcune attività.**

Non si tratta solo di gustare passivamente il cibo, ma di interagire con le persone presenti e se possibile con lo stesso ambiente , partecipare a piccoli momenti di preparazione o degustazione guidata, o contribuire alla scelta dei piatti in base a preferenze e gusti, rendendo i partecipanti co-creatori dell'esperienza culinaria.

6. **Apprendimento Esperienziale: Il percorso esperienziale deve favorire l'apprendimento attivo attraverso la partecipazione diretta dei partecipanti.**

La Dinner Experience non è solo nutrimento, ma una possibilità di apprendere nuove tecniche di cucina, conoscere ingredienti in modo più approfondito e comprendere le connessioni tra il cibo e la cultura locale, stimolando la riflessione e l'esplorazione gastronomica.

7. **Approccio Tematico: Ogni percorso esperienziale dovrà essere costruito attorno a un tema che ne costituisce il filo conduttore.**

Ogni Dinner Experience dovrebbe avere un tema coerente che guida il percorso gastronomico, che potrebbe variare dall'esplorazione di una specifica cucina regionale, a una serata dedicata alla cucina sostenibile, fino alla scoperta di sapori esotici e innovativi. Il tema offre una struttura narrativa all'esperienza.

8. **Approccio Estetico.**

La Dinner Experience pone particolare attenzione all'estetica complessiva dell'esperienza, curando dettagli come la presentazione dei piatti, l'arredamento, l'illuminazione, i colori e i materiali utilizzati, affinché ogni elemento contribuisca a creare un'atmosfera armoniosa e piacevole, elevando l'esperienza culinaria attraverso il senso del "bello".

9. **Intrattenimento: Il percorso esperienziale dovrebbe includere momenti di intrattenimento che arricchiscono l'esperienza.**

La Dinner Experience può essere arricchita da interventi artistici, musicali o da performance legate alla gastronomia (come Show Cooking), rendendo il pasto non solo un piacere culinario, ma anche un momento di svago e divertimento.

10. **Immersione.**

Il principio di immersione è un elemento chiave della **Dinner Experience**, risultante dall'applicazione sinergica dei principi di multisensorialità, partecipazione diretta, approccio estetico e tematico. L'immersione non è solo un effetto scenografico, ma il frutto di una progettazione accurata che coinvolge i partecipanti in un'esperienza emotiva, sensoriale e intellettuale completa, rendendo la cena un evento che coinvolge a livello profondo tutti i sensi e le emozioni.

I livelli di Esperienza enogastronomica sono legati al livello di applicazione di tali principi.

- **Esperienza Enogastronomica (Primo Livello)**: Esperienza enogastronomica multisensoriale e culturale, che presenta caratteristiche di unicità. Si basa sull'integrazione dei principi di Multisensorialità, Approccio Culturale e Unicità (Principi 1, 2, 3).

- **Esperienza Enogastronomica Autentica (Secondo Livello)**: Esperienza enogastronomica multisensoriale, culturale, unica e tematica, basata sulle relazioni, che offre momenti di apprendimento esperienziale e interazione con il contesto. Si basa sull'applicazione dei principi di Multisensorialità, Approccio Culturale, Unicità, Approccio Relazionale, Partecipazione Diretta, Apprendimento Esperienziale e Approccio Tematico (Principi 1, 2, 3, 4, 5, 6, 7).

- **Esperienza Enogastronomica Piena (Terzo Livello)**: Esperienza enogastronomica multisensoriale, culturale, unica, tematica, immersiva, basata sull'approccio estetico e sulle relazioni, che offre momenti di intrattenimento, apprendimento esperienziale e interazione con l'ambiente in cui avviene il pasto esperienziale. Incorpora tutti i principi esperienziali: Multisensorialità, Approccio Culturale, Unicità, Approccio Relazionale, Partecipazione Diretta, Apprendimento Esperienziale, Approccio Tematico, Approccio Estetico, Intrattenimento e Immersione (principi 1, 2, 3, 4, 5, 6, 7, 8, 9, 10).

Un altro aspetto da prendere in considerazione è quello di considerare l'applicabilità endogena o esogena del principio in base al tipo di attività esperienziale

- **Principio endogeno**: il principio è rispettato dalla natura stessa dell'offerta esperienziale
- **Principio esogeno**: il principi è rispettato integrando elementi che arricchiscono l'esperienza.

Prendiamo ad esempio il principio della multisensorialità.

Principio endogeno: Se ci troviamo in un ambiente naturale, come una cena all'aperto in un vigneto o un agriturismo, la multisensorialità è rispettata dalla natura stessa del contesto in cui si svolge il pasto, senza necessità di interventi artificiali. Ad esempio:

- **Tatto**: toccare con le mani gli ingredienti freschi utilizzati nella preparazione, sentire la brezza sulla pelle o maneggiare utensili artigianali.
- **Udito**: oltre ai suoni dell'ambiente circostante o alla musica di sottofondo, il rumore del cibo durante la masticazione (ad esempio, la croccantezza di un pane appena sfornato o lo scricchiolio di verdure fresche) contribuisce all'esperienza.
- **Olfatto**: l'odore degli ingredienti freschi, come erbe aromatiche, fiori e spezie utilizzati nei piatti, o quello della brace se si cucina all'aperto.
- **Vista**: la bellezza visiva del paesaggio circostante, la tavola apparecchiata con elementi naturali, e i colori vivaci dei piatti preparati con ingredienti locali.
- **Gusto**: la degustazione di piatti preparati con prodotti del territorio, che riflettono le tradizioni culinarie locali.

Il requisito di multisensorialità può essere applicato anche in altri contesti in modo esogeno, semplicemente aggiungendo, laddove si rende necessario, elementi che arricchiscono l'esperienza: **luci, odori, suoni, ambienti immersivi** ed altri stimoli sensoriali.

Ad esempio, in un contesto più urbano o in un ristorante, il principio della multisensorialità può essere arricchito attraverso l'uso di **elementi esogeni** che potenziano l'esperienza. L'esperienza sensoriale viene creata e potenziata grazie a elementi aggiuntivi progettati appositamente per stimolare i sensi:

- **Luci**: utilizzo di un'illuminazione studiata per creare atmosfere diverse, che possa accentuare la presentazione dei piatti o creare una atmosfera particolare per l'esperienza culinaria.

- **Suoni**: la musica di sottofondo, il suono della preparazione a vista o effetti sonori tematici che accompagnano il pasto e creano un ambiente unico.

- **Odori**: diffusori di fragranze che richiamano gli ingredienti dei piatti o l'ambiente naturale, creando un'esperienza olfattiva che arricchisce il pasto.

- **Proiezioni e ambientazioni immersive**: immagini o video proiettati sulle pareti o sulle tavole, che riproducono paesaggi naturali o atmosfere tematiche, permettendo ai partecipanti di vivere un'esperienza sensoriale completa anche in un contesto non naturale.

Il percorso esperienziale può essere visto come un processo. Di seguito, una suddivisione dei principi del percorso esperienziale (tra parentesi), in base a quelli che possiamo considerate i macro-obiettivi del processo esperienziale.

- **Esperienze attraverso i sensi** (coinvolgimento sensoriale) (1, 5, 7, 8, 10)
- **Esperienze attraverso le emozioni** (coinvolgimento emotivo) (2, 3, 4, 6, 9)

I principi non vanno visti come appartenenti in senso stretto ad uno dei macro-obiettivi citati in quanto ogni principio in realtà può costituire un elemento rafforzativo di altri principi inseriti in altri macro-obiettivi. Anche i due macro-obiettivi presentati non vanno visti in modo autonomo, infatti, ad esempio, il coinvolgimento sensoriale sono elementi essenziali anche per il coinvolgimento emotivo.

Esperienze attraverso i sensi (coinvolgimento sensoriale)

I principi particolarmente interessati e che concorrono al coinvolgimento sensoriale sono:

1) Approccio Multisensoriale

5) Partecipazione

7) Approccio tematico

8) Approccio estetico

10) Immersione

Le esperienze culinarie dirette e i percorsi interattivi sono di per sé multisensoriali (1), poiché coinvolgono tutti i sensi: la vista nella presentazione dei piatti, l'udito attraverso i suoni dell'ambiente e del cibo stesso, il tatto nel maneggiare utensili o ingredienti, l'olfatto attraverso i profumi dei piatti e, naturalmente, il gusto.

La **partecipazione diretta** (5) dei commensali, che potrebbero essere invitati a interagire con lo chef o prendere parte a momenti di preparazione del cibo, potenzia l'aspetto esperienziale. Questa partecipazione avviene in un ambiente curato con attenzione estetica (8), dove ogni dettaglio, dall'arredamento, all'illuminazione, alla disposizione dei piatti, contribuisce a creare un'atmosfera piacevole e armoniosa.

Un tema ben definito e coerente (7), come la celebrazione di una cucina regionale o una cena a tema stagionale, fornisce il filo conduttore dell'esperienza. Questo tema guida i partecipanti attraverso un viaggio culinario che rafforza il coinvolgimento sensoriale e la narrazione del pasto.

Infine, la sinergia tra questi elementi crea una vera e propria **immersione** (10), dove i commensali non si limitano a consumare il cibo, ma sono completamente coinvolti in un'esperienza che stimola tutti i sensi, rendendo la cena un evento memorabile e appagante a livello sensoriale ed emotivo.

Esperienze attraverso le emozioni (coinvolgimento emotivo)

Ricordando che il coinvolgimento sensoriale è elemento essenziale anche per il coinvolgimento emotivo, gli altri principi particolarmente interessati e che concorrono, assieme a quelli elencati, al coinvolgimento emotivo sono:

2) Approccio culturale

3) Unicità

4) Approccio relazionale (centralità dei partecipanti)

6) Processo educativo (apprendimento esperienziale)

9) Intrattenimento

Il **coinvolgimento emotivo** si manifesta attraverso vari aspetti dell'esperienza:

L'**Approccio Culturale** (2) nella Dinner Experience offre ai partecipanti l'opportunità di entrare in contatto con tradizioni gastronomiche locali, storie culinarie e ingredienti del territorio. Questo elemento endogeno crea una connessione profonda con la cultura del luogo, evocando emozioni legate alla scoperta e all'apprezzamento di una cultura attraverso il cibo.

L'**Unicità** (3) della Dinner Experience, sia nella proposta culinaria che nell'ambiente, garantisce un'esperienza irripetibile. Il sapere che il pasto è un evento non replicabile altrove crea un senso di esclusività che coinvolge emotivamente i partecipanti.

L'**Approccio Relazionale** (4), che pone i partecipanti al centro dell'esperienza, è fondamentale per costruire una relazione emotiva tra lo chef, il personale di sala e i commensali. La cura nell'interazione con i partecipanti, la narrazione dietro i piatti e la possibilità di dialogare con chi ha creato il menu, rafforzano il legame emotivo. Le relazioni umane, sia tra commensali che con il personale, trasformano la cena in un momento di condivisione autentica.

Il **Processo Educativo** (6) e l'apprendimento esperienziale offrono ai partecipanti l'opportunità di scoprire nuove tecniche di cucina, comprendere le origini degli ingredienti e partecipare direttamente ad attività interattive, come una degustazione guidata o una dimostrazione culinaria. Questo processo non solo favorisce il coinvolgimento sensoriale, ma stimola anche il coinvolgimento emotivo, poiché gli ospiti acquisiscono nuove conoscenze e si sentono arricchiti dall'esperienza.

I momenti di **Intrattenimento** (9), come performance artistiche, spettacoli di cucina o giochi interattivi legati al tema della serata, contribuiscono a creare un'atmosfera leggera e divertente. Questi momenti stimolano emozioni positive e rafforzano il legame tra i partecipanti e l'esperienza stessa, specialmente quando l'intrattenimento prevede una partecipazione attiva dei commensali.

L'atmosfera e la multisensorialità sono alcuni degli elementi essenziali per proporre quelli che vengono definiti pasti esperienziali. Di norma, tali pasti possono basarsi su vari approcci, nei quali ci si concentra su alcuni elementi caratterizzanti l'esperienza.

Un elenco non esaustivo di approcci (tipologie di esperienze enogastronomiche):

1. **Dimostrativo (Show Cooking):** L'esperienza è incentrata sulla presentazione spettacolare o teatrale di piatti o di fasi legate alla loro preparazione. Ad esempio, il momento dell'impiattamento può essere trasformato in uno spettacolo, o lo chef può interagire con il pubblico durante la preparazione dei cibi. Questo approccio permette agli ospiti di essere testimoni diretti della creatività e delle tecniche culinarie.

2. **Sensoriale (Sensorial Dinner):** Grazie a un'attenta progettazione dell'atmosfera, l'esperienza si concentra sulla stimolazione sensoriale, coinvolgendo i sensi di vista, udito, tatto, gusto e olfatto. Luci soffuse, suoni ambientali, profumi diffusi nell'ambiente e una presentazione estetica dei piatti contribuiscono a creare una esperienza sensoriale completa.

3. **Immersive Dinner:** La Immersive Dinner rappresenta un'evoluzione più complessa della Sensorial Dinner, in cui l'esperienza non si limita alla stimolazione sensoriale, ma mira a coinvolgere completamente i partecipanti anche a livello intellettuale ed emotivo. L'ambiente non si ferma al semplice pasto, ma diventa un contesto multisfaccettato, dove ogni dettaglio – dall'atmosfera alla narrazione – contribuisce a creare un'immersione totale che coinvolge mente, emozioni e sensi.

4. **Location (Location Dinner)**: L'esperienza si basa su una location insolita o spettacolare, con forte connotazione culturale, storica o paesaggistica. Cene organizzate in castelli, musei, su una spiaggia, un albero o in un giardino botanico possono trasformare il pasto in un evento memorabile, dove il contesto amplifica l'esperienza culinaria.

5. **Narrativo (Narrative Dinner)**: L'esperienza è caratterizzata da un tema ben definito, che si articola attraverso una narrazione che può esplorare diversi aspetti, come la cultura, le tradizioni, i miti o la storia. Un esempio di questo approccio è la **Historical Dinner**, incentrata su un periodo storico specifico, dove i piatti sono ispirati a ricette d'epoca e la narrazione ruota attorno a eventi o personaggi storici. Altri esempi potrebbero includere cene ispirate a leggende locali, fiabe, o tematiche letterarie o cinematografiche.

6. **Intrattenimento (Dinner Show)**: L'esperienza è caratterizzata da un forte elemento di intrattenimento, come spettacoli teatrali, musicali, di magia o altre forme di performance dal vivo che accompagnano la cena. Il cibo diventa parte di un evento più ampio in cui l'intrattenimento è centrale e rende il pasto decisamente più dinamico.

7. **Espositivo (Art Dinner)**: L'esperienza è strettamente legata a eventi espositivi, come mostre d'arte, fotografia o installazioni di arte contemporanea. In questo contesto, il cibo e l'arte visiva si intrecciano, creando una sinergia tra nutrimento estetico e nutrimento fisico.

8. **Formativo (School Dinner)**: L'esperienza è associata a un corso di cucina, dove i partecipanti apprendono nuove tecniche o informazioni sui prodotti tipici del territorio. Questo approccio unisce la formazione pratica con il piacere della degustazione finale, rendendo il processo educativo parte integrante dell'esperienza.

9. **Benessere (Wellness Dinner)**: Un'esperienza che si focalizza sul benessere fisico e mentale, con piatti bilanciati e nutrienti, possibilmente accompagnati da sessioni di meditazione o yoga. Il pasto è pensato per nutrire il corpo e rilassare la mente, con una forte enfasi sulla salute.

10. **Sostenibile (Sustainable Dinner)**: L'esperienza è incentrata su pratiche di sostenibilità, con particolare attenzione all'origine degli ingredienti, alla riduzione degli sprechi e all'uso di prodotti locali e biologici. Le cene sostenibili sensibilizzano i partecipanti sulle tematiche ambientali, offrendo un'esperienza che non solo è gustosa, ma anche etica.

Le diverse tipologie di **Dinner Experience** non sono necessariamente distinte e possono spesso coesistere. Ad esempio, una cena storica in un castello potrebbe includere elementi narrativi, una preparazione spettacolare dei piatti e un intrattenimento tematico, creando un'esperienza multisfaccettata. In molti casi, è utile individuare un approccio prevalente per classificare l'esperienza, pur riconoscendo che spesso più elementi si intrecciano per offrire una serata unica.

Inoltre, come per altre forme di esperienze, gli approcci possono essere visti da prospettive diverse. L'elemento enogastronomico può essere al centro, con altri aspetti (narrativi, espositivi, educativi) che rafforzano il pasto, oppure può accadere il contrario, dove l'esperienza culinaria serve a potenziare un evento narrativo, culturale o educativo.

Rispetto alle tipologie di Dinner Experience presentate nel primo volume[2], ho inserito nuove categorie: Sustainable Dinner, Immersive Dinner e Wellness Dinner.

Per avere una visione aggiornata di tutte le categorie si veda il Repertorio delle Attività esperienziali consultabile al seguente indirizzo web:

https://www.itinerariesperienziali.it/repertorio-delle-attivita-esperienziali/

---

[2] Ignazio Caloggero: Turismo e Marketing Esperienziale. 2023 Edizione Centro Studi Helios

Approccio Dimostrativo (Show Cooking): L'esperienza è incentrata sulla presentazione spettacolare o teatrale di piatti o di fasi legate alla loro preparazione. Ad esempio, il momento dell'impiattamento può essere trasformato in uno spettacolo, o lo chef può interagire con il pubblico durante la preparazione dei cibi. Questo approccio permette agli ospiti di essere testimoni diretti della creatività e delle tecniche culinarie.

"I ristoranti sono come palcoscenici; i camerieri e gli chef in alcuni dei migliori locali del mondo interpretano, sempre più spesso, la parte di attori e prestigiatori. Prima c'era solo l'atmosfera, oggi si parla di teatro, narrazione e magia a ore pasti: è questo il cuore, l'anima profonda, dell'esperienza alimentare <<fuori piatto>>" (Charles Spence – Gastrofisica – La nuova scienza del mangiare)

Caratteristiche principali dello Show Cooking

- **Interazione con lo chef**: Una delle caratteristiche distintive di un'esperienza di Show Cooking è l'interazione diretta tra lo chef e gli ospiti. Gli chef possono illustrare le tecniche di preparazione, rispondere a domande e condividere storie o curiosità legate agli ingredienti o ai piatti. Questa interazione non solo arricchisce l'esperienza, ma crea anche un forte legame tra chi cucina e chi consuma, aumentando il coinvolgimento emotivo.

- **Aspetto spettacolare**: Il processo di preparazione del cibo è trasformato in un evento teatrale. Che si tratti di flambé, impiattamenti scenografici o tecniche di cucina particolari (ad esempio, l'uso di azoto liquido per effetti speciali), il Show Cooking cattura l'attenzione visiva e sensoriale degli ospiti. Il momento in cui il cibo viene preparato o presentato diventa un'attrazione in sé, rendendo l'esperienza culinaria molto più dinamica e coinvolgente rispetto a una cena tradizionale.

- **Apprendimento in diretta**: Gli ospiti non sono semplicemente spettatori passivi, ma possono apprendere nuove tecniche e nozioni culinarie durante lo spettacolo. Lo Show Cooking rappresenta anche una forma di educazione culinaria, dove gli ospiti possono vedere da vicino come vengono preparati i piatti, scoprire trucchi del mestiere e apprendere l'importanza della qualità degli ingredienti.

- **Coinvolgimento sensoriale**: La preparazione in tempo reale del cibo aggiunge un livello di multisensorialità all'esperienza. Gli ospiti possono vedere il cibo che si trasforma, annusare gli aromi durante la cottura, sentire i suoni delle padelle o del fuoco, e magari anche assaggiare piccoli bocconi durante la preparazione. Questo approccio intensifica il coinvolgimento sensoriale e rende l'esperienza più memorabile.

Diverse declinazioni dello Show Cooking

- **Tavola dello chef**: Un approccio comune è la **chef's table**, dove gli ospiti sono seduti direttamente di fronte allo chef, che prepara il cibo davanti a loro. Questo format consente agli ospiti di essere parte del processo culinario dall'inizio alla fine, con lo chef che spiega ogni passaggio. È un'esperienza esclusiva, spesso riservata a piccoli gruppi.

- **Cucina aperta**: Alcuni ristoranti adottano la configurazione della **cucina a vista**, dove gli ospiti possono vedere gli chef in azione mentre preparano i loro pasti. Questo non solo rende più trasparente il processo, ma aumenta l'elemento di spettacolarità della cucina, soprattutto se gli chef interagiscono con il pubblico.

- **Performance collettive**: Alcuni ristoranti adottano uno stile di **show collettivo**, dove più chef o cuochi collaborano in scena, creando una sorta di "sinfonia culinaria" con diversi piatti preparati simultaneamente. Questa tecnica aggiunge ritmo e dinamismo allo spettacolo, offrendo una coreografia di movimenti che rende l'esperienza visivamente interessante.

- **Show Cooking tematici:** Un'altra declinazione dello **Show Cooking** riguarda le cene tematiche, dove la presentazione dei piatti è legata a un tema specifico (storico, culturale, regionale). Ad esempio, un'esperienza basata su **antiche tradizioni culinarie di Sicilia** potrebbe includere dimostrazioni dal vivo della preparazione di piatti storici, con una narrazione che accompagna la preparazione, spiegando la storia e il contesto culturale dei cibi.

Lo show coking può avere uno scopo dimostrativo o educativo (corso di cucina)

Ecco un elenco di esempi di **Show Cooking** che mostrano diversi modi in cui questa forma di cena esperienziale può essere organizzata:

Gordon Ramsay Live Cooking Demonstrations

Le dimostrazioni di cucina dal vivo di Gordon Ramsay sono rinomate per l'energia e il coinvolgimento. Ramsay utilizza il suo carisma e le sue competenze culinarie per intrattenere e informare il pubblico, spesso combinando tecniche complesse con un'interazione continua con gli spettatori.

Video di approfondimento

https://youtu.be/h8os1dQco0o?si=VfOsdOZ4BblVn_fO

StarChefs International Chefs Congress

Questo evento annuale a New York ospita chef di fama mondiale, come Wylie Dufresne e Elena Arzak, che offrono dimostrazioni dal vivo. Gli spettatori possono assistere a preparazioni di piatti di alta cucina con tecniche innovative, spesso arricchite da narrazioni che spiegano le origini e le filosofie dietro ogni piatto.

Video di approfondimento:

https://youtu.be/mbJr_iVLfWo?si=s6cRl0BbhJIEEgy2

Final Dessert of 20 Course Meal at Alinea

La Final Dessert del pasto da 20 portate al ristorante Alinea di Chicago, guidato dallo chef Grant Achatz, è un'esperienza visivamente affascinante che chiude il menu degustazione in modo spettacolare. Questo dessert non è semplicemente servito in piatti tradizionali: viene infatti creato direttamente sul tavolo davanti agli ospiti.

Video di approfondimento

https://youtu.be/qofsdSMuGbg

Teppanyaki

Un esempio in cui il cuoco prepara in modo spettacolare una frittata sulla piastra, coinvolgendo gli spettatori con lanci di pezzi di frittata sui piatti e direttamente ai commensali affinché li prendano al volo.

https://www.youtube.com/watch?v=r3UEiq_KGzU

Alcuni video di esempi di impiattamento:

Super Fruits Watermelon Decoration Ideas

https://youtu.be/XroJApLyApI

Easy Plating Techniques - Plate like a Pro

https://youtu.be/c01s-UVxoQk

Types of Colorful Plating techniques

https://www.youtube.com/watch?v=kn5DT_NvXyw

Show Cooking

Un altro esempio di piatti realizzati davanti al cliente

https://youtu.be/06hdRhxJBH8

Approccio Sensoriale (Sensorial Dinner): Grazie a un'attenta progettazione dell'atmosfera, l'esperienza si concentra sulla stimolazione sensoriale, coinvolgendo i sensi di vista, udito, tatto, gusto e olfatto. Luci soffuse, suoni ambientali, profumi diffusi nell'ambiente e una presentazione estetica dei piatti contribuiscono a creare una immersione sensoriale completa.

L'obiettivo principale è creare un percorso multisensoriale dove ogni dettaglio, dalla presentazione dei piatti alla scelta dell'arredamento e dell'illuminazione, contribuisce a migliorare l'esperienza complessiva dei partecipanti.

Elementi centrali della Sensorial Dinner

1. **Vista**: La presentazione estetica dei piatti è uno degli elementi più immediati dell'esperienza sensoriale. I piatti sono progettati per essere visivamente accattivanti, spesso giocando con colori vivaci, geometrie particolari o impiattamenti artistici. La location stessa è curata nei minimi dettagli, dall'arredamento alla disposizione dei tavoli, con l'uso di luci soffuse e ambientazioni particolari che rafforzano l'effetto visivo. Esempio: Un piatto decorato con fiori commestibili e salse disposte artisticamente su una tavola con illuminazione delicata può amplificare l'effetto visivo del pasto.

2. **Udito**: L'ambiente sonoro è altrettanto importante in una Sensorial Dinner. Musica soft o suoni naturali come il fruscio delle foglie, il suono dell'acqua che scorre o persino il rumore del cibo durante la masticazione, possono arricchire l'esperienza. L'uso di suoni sincronizzati con la narrazione del pasto è spesso sfruttato per migliorare l'immersione. Esempio: In un ristorante suoni della natura come il canto degli uccelli potrebbero accompagnare una cena all'aperto, evocando la sensazione di essere in un bosco.

3. **Tatto**: Anche le sensazioni tattili giocano un ruolo chiave. Questo include non solo la consistenza del cibo, ma anche la scelta dei materiali degli utensili, dei piatti e persino delle sedie o tovaglie. Ogni dettaglio può offrire una sensazione particolare che contribuisce all'esperienza. Esempio: Un piatto di pesce servito su una lastra di pietra calda, toccata dagli ospiti, amplifica la connessione fisica con il pasto.

4. **Olfatto**: L'aroma è una componente essenziale di una Sensorial Dinner, poiché il profumo dei cibi è uno dei primi elementi che prepara i commensali all'esperienza gustativa. Spesso, gli chef utilizzano aromi diffusi nell'aria o erbe aromatiche per intensificare questa componente. L'ambiente stesso può essere profumato in modo sottile per accompagnare i piatti serviti. Esempio: Un piatto di tartufo potrebbe essere servito mentre il profumo di terra e funghi viene rilasciato nell'aria per evocare i boschi da cui proviene l'ingrediente.

5. **Gusto**: Il gusto resta il fulcro centrale dell'esperienza, ma in una Sensorial Dinner viene potenziato grazie all'integrazione degli altri sensi. I piatti sono studiati per offrire una complessità gustativa che può includere contrasti di sapori, temperature e consistenze. Esempio: Un dessert che combina consistenze morbide e croccanti, sapori dolci e acidi, servito in un ambiente che stimola gli altri sensi, amplifica l'impatto gustativo complessivo.

Come vedremo una estensione della Sensorial Dinner è la Immersive Dinner.

Vediamo adesso alcuni esempi di Sensorial Dinner dove la multisensorialità è applicata senza necessariamente usare tecnologie avanzate o ambientazioni completamente immersive.

The Fat Duck (Bray, Inghilterra)

Anche se molto noto per la sua creatività e per l'uso di tecniche culinarie avanzate, The Fat Duck offre un'esperienza sensoriale senza l'uso di tecnologie immersive complesse. Piatti come "Sound of the Sea" stimolano l'udito attraverso la riproduzione di suoni del mare mentre si gustano frutti di mare. È un'esperienza sensoriale che enfatizza il gusto e il coinvolgimento di altri sensi, ma non si spinge fino all'immersione totale.

Sito web: https://thefatduck.co.uk/

Video di approfondimento

https://youtu.be/R_6vJ4jB0B0

El Celler de Can Roca (Girona, Spagna)

El Celler de Can Roca offre un'esperienza sensoriale unica. La presentazione estetica dei piatti, i profumi delle portate e la cura dell'ambiente creano un'esperienza multisensoriale centrata sul cibo. Sebbene innovativa, questa esperienza non si qualifica come "immersiva", poiché non utilizza tecnologie o narrazioni particolari.

Link al sito web: https://cellercanroca.com/

Video di approfondimento:

https://youtu.be/L-tOtP-ISxQ?si=OnNQCv7mAWyMF9i3

Osteria Francescana (Modena, Italia)

Lo chef Massimo Bottura, con il suo ristorante Osteria Francescana, offre un'esperienza di alta cucina che gioca sui sensi senza l'uso di elementi immersivi. Piatti come "Oops! I Dropped the Lemon Tart" stimolano la vista, il gusto e la tattilità attraverso un'estetica particolare e sapori complessi. Qui, l'attenzione è rivolta alla stimolazione sensoriale pura attraverso ingredienti di qualità e presentazione visiva.

Link al sito web: https://osteriafrancescana.it/

Video di approfondimento:

https://youtu.be/XjJWL8W7bw8?si=CySrgxj_kjL1-PI9

Gaggan Anand (Bangkok, Thailandia)

Questo ristorante propone un menu degustazione "edible emojis", dove ogni piatto rappresenta un'emozione e stimola vari sensi, dalla vista all'olfatto. Anche in questo caso, la stimolazione dei sensi è centrale, ma non vi è l'uso di tecnologie avanzate o ambientazioni immersive.

Link al sito web: https://gaggan.com/

Video di approfondimento:

https://youtu.be/_yXyez3Oa44?si=bk7WEjDKansof3PQ

Geranium (Copenaghen, Danimarca)

Geranium offre un'esperienza sensoriale di alta cucina incentrata sulla vista, l'olfatto e il gusto. I piatti sono preparati con tecniche precise e ingredienti stagionali che giocano con i sensi, offrendo una stimolazione tattile e gustativa raffinata. L'ambiente è elegante e minimalista, senza particolare uso di tecnologie immersive.

Link al sito web: https://www.geranium.dk/en/

Video di approfondimento:

https://youtu.be/CoAvaYOwm6k?si=ZG11nSui9NhcBZgj

Maaemo (Oslo, Norvegia)

Questo propone un'esperienza sensoriale attraverso piatti legati alla natura norvegese. I sapori, gli odori e le presentazioni evocano l'ambiente naturale circostante. È un'esperienza sensoriale pura e basata sugli ingredienti e l'estetica del piatto.

Link al sito web: https://maaemo.no/

Video di approfondimento:

https://youtu.be/0cfVxK5YrGY?si=pn31dqbxIdGUtgXF

Approccio Immersivo (Immersive Dinner): La **Immersive Dinner** è una versione avanzata e più complessa della **Sensorial Dinner**, dove l'esperienza non si limita alla stimolazione dei sensi, ma mira a immergere completamente i partecipanti in un ambiente che va oltre il semplice pasto.

In una Immersive Dinner, i partecipanti vengono immersi in un mondo tematico che coinvolge non solo i sensi fisici, ma anche la mente e le emozioni. L'immersione può essere creata in diversi modi, non necessariamente attraverso l'uso di tecnologie avanzate, ma anche grazie all'attenta progettazione dell'ambiente e dell'atmosfera, sia in spazi artificiali che in contesti naturali.

In ambienti più tecnologici, l'immersione può essere realizzata attraverso proiezioni digitali, realtà virtuale, effetti sonori tridimensionali o scenografie interattive. L'intero spazio, dal momento in cui si entra fino alla conclusione della cena, è progettato per trasportare i partecipanti in una storia o in un mondo parallelo, dove il cibo, l'ambiente e la narrazione si fondono per creare un'esperienza totalizzante.

Tuttavia, una Immersive Dinner può avvenire anche in contesti naturali, dove l'immersione è creata dall'ambiente stesso, come una cena in una foresta, in un vigneto o su una spiaggia. In questi casi, la natura svolge il ruolo principale nel coinvolgere i partecipanti:

- **Suoni naturali** come il fruscio delle foglie, il cinguettio degli uccelli o il suono delle onde che si infrangono contribuiscono a un'atmosfera immersiva.
- **Odori naturali** di fiori, erbe aromatiche, terra o mare arricchiscono l'esperienza sensoriale in modo spontaneo.
- **Vista**: Il paesaggio circostante, la luce naturale del sole al tramonto o delle stelle, e l'estetica del contesto rendono l'immersione visiva potente e autentica.
- **Tatto**: La sensazione del vento sulla pelle, il contatto diretto con elementi naturali come legno, sabbia o foglie contribuisce a un'esperienza tattile profonda.

In entrambe le versioni della Immersive Dinner – tecnologica o naturale – il cibo è integrato con l'ambiente e la narrazione, creando un'esperienza sensoriale ed emotiva che coinvolge i partecipanti a un livello più profondo, facendoli sentire parte integrante del contesto.

Differenza chiave tra Immersive Dinner e Sensorial Dinner

Sensorial Dinner: L'obiettivo principale è stimolare tutti i sensi (vista, udito, tatto, olfatto e gusto) attraverso una progettazione meticolosa dell'ambiente e del cibo. L'attenzione è focalizzata sulla stimolazione sensoriale pura: luci, suoni, profumi e sensazioni tattili, sono attentamente calibrati per esaltare l'esperienza sensoriale. Il cibo è il centro dell'esperienza, con un'enfasi su come viene percepito dai sensi. Sebbene coinvolgente, la Sensorial Dinner può risultare più statica, nel senso che l'ambiente circostante potrebbe rimanere costante, mentre gli stimoli sensoriali vengono utilizzati per migliorare la percezione del pasto.

Immersive Dinner: L'Immersive Dinner va oltre la stimolazione sensoriale, creando un'esperienza che coinvolge non solo i sensi fisici, ma anche la mente e le emozioni. L'immersione può essere raggiunta attraverso tecnologie avanzate, come proiezioni, realtà virtuale o scenografie interattive, ma può avvenire anche in contesti naturali, dove l'ambiente stesso, come un paesaggio mozzafiato o una foresta, diventa parte integrante dell'esperienza. In questo tipo di cena, l'intero contesto – che sia tecnologico o naturale – avvolge i partecipanti, facendoli sentire parte di un mondo tematico o narrativo.

L'immersione è più profonda e complessiva rispetto a una semplice stimolazione sensoriale: non è solo il cibo a essere multisensoriale, ma l'intera esperienza che coinvolge corpo e mente, creando un legame emotivo con l'ambiente. Che si tratti di una tecnologia all'avanguardia o del contatto diretto con la natura, l'obiettivo è far vivere ai partecipanti un viaggio

Punti in comune:

- Entrambe le tipologie puntano a coinvolgere tutti i sensi.

- Sono esperienze attentamente progettate, dove ogni dettaglio dell'atmosfera ha un ruolo chiave.

- Il cibo in entrambe le esperienze non è solo nutrimento, ma parte attiva della stimolazione sensoriale e/o emotiva.

Vediamo alcuni esempi:

Sublimotion Experience

Sublimotion è un ristorante situato a Sant Josep de sa Talaia, Ibiza, Spagna, gestito dallo chef Michelin Paco Roncero. Nel ristorante c'è un unico tavolo che, su due turni serali, ospita 12 persone per volta. Inoltre, sono presenti 25 persone del personale, che includono artigiani esperti, cuochi, illusionisti, camerieri e un DJ. L'esperienza dura in totale circa tre ore.

Link alla scheda web:

https://www.itinerariesperienziali.it/directory-offerte/listing/ristorante-sublimotion-ibiza/

Video:

https://youtu.be/BXZQLKjhzn8?si=ry1BMZCOOWi-hC4h

Ristorante Ultraviolet di Shanghai

Il ristorante Ultraviolet a Shanghai, creata dal famoso chef francese Paul Pairet è noto per offrire esperienze enogastronomiche, multisensoriali, immersive e atmosferiche. Il ristorante può ospitare solo dieci persone per volta, durante il pasto, la sala da pranzo, che è inizialmente spoglia e bianca, si trasforma attraverso luci, suoni e profumi, creando un'atmosfera che cambia con ogni portata servita. Ad esempio, una versione della sala, chiamata "Autumn Soil", assomiglia a una foresta incantata. La tecnologia utilizzata include luci, proiettori, diffusori di profumi, telecamere a infrarossi e un sistema di suono surround, tutti controllati da remoto da una "Techno Room"

Link alla scheda web:

https://www.itinerariesperienziali.it/directory-offerte/listing/ristorante-ultraviolet-di-shanghai/

Video:

https://youtu.be/KhFUPXxnbFM?si=Ol0Blgk0Ywf-61iT

Alchemist (Copenaghen, Danimarca)

Alchemist offre un'esperienza che va oltre il cibo, combinando arte, luce e suoni in un ambiente planetario. Ogni piatto è accompagnato da proiezioni visive e una narrazione che stimola i sensi e invita a riflettere su tematiche sociali e ambientali.

Link al sito web: https://alchemist.dk/

Video di approfondimento:

https://youtu.be/q1z3hcmY_t8?si=zwo0KzlnDGS4bKEP

Eatrenalin (Rust, Germania)

Questa esperienza porta i commensali in un viaggio multisensoriale unico, utilizzando sedie "fluttuanti" che trasportano i partecipanti attraverso diverse stanze, ognuna con un'atmosfera e un menu differenti. È un perfetto esempio di come una dinner experience possa utilizzare sia tecnologia che narrazione per creare un'esperienza immersiva unica.

Link al sito web:

https://www.eatrenalin.de/

Video di approfondimento:

https://youtu.be/FcSUbN0tgdU?si=2wvvDZ01nRhIap-Y

XPot (Las Vegas, Nevada)

Un'esperienza di "Spectrum Dining" che utilizza proiezioni 5D per migliorare ogni portata del pasto. Questo ristorante si distingue per l'integrazione di tecnologie visive e sonore che accompagnano ogni piatto, offrendo una narrazione multisensoriale attraverso il cibo.

Link al sito web: https://thexpot.com/

Video di approfondimento:

https://youtu.be/I8MaG1aEyDY?si=DQnAFN_S3ddpQk

Location (Location Dinner): L'esperienza si basa su una location insolita o spettacolare, con forte connotazione culturale, storica o paesaggistica. Cene organizzate in castelli, musei, su una spiaggia, un albero o in un giardino botanico possono trasformare il pasto in un evento memorabile, dove il contesto amplifica l'esperienza culinaria.

La Location Dinner è una tipologia di esperienza culinaria in cui la scelta della location è l'elemento centrale che caratterizza l'evento, trasformando il pasto in un'esperienza unica. La location non è solo lo sfondo, ma diventa una parte integrante dell'esperienza, amplificando il valore e l'impatto emotivo del pasto. In questo tipo di cena, il contesto, sia esso naturale, storico, culturale o paesaggistico, arricchisce e amplifica la percezione del cibo, offrendo un senso di unicità e meraviglia.

Caratteristiche principali della Location Dinner

- **Location insolita**: Le Location Dinner si svolgono in luoghi che hanno una forte connotazione visiva, culturale o storica. Queste location possono includere:
  - **Castelli o residenze storiche**: dove il fascino dell'architettura antica e degli interni sontuosi offre un ambiente raffinato e ricco di storia. Cenare in un castello può far sentire gli ospiti come se stessero partecipando a un banchetto dell'epoca, evocando epoche passate.

  - **Musei o gallerie d'arte**: dove l'arte diventa parte dell'esperienza, aggiungendo una dimensione culturale che arricchisce il pasto. Un museo non è solo uno sfondo, ma un elemento che può influenzare il tema della cena.

  - **Spiagge o location naturali**: dove il suono delle onde, la vista del mare e il contatto con la sabbia offrono un'esperienza sensoriale amplificata. Cene sulla spiaggia, sulle rive di un fiume o tra i rami di un albero possono trasportare gli ospiti in un'atmosfera insolita, con il contesto naturale che si unisce al piacere del cibo.

- **Contestualizzazione del pasto**: La location può influenzare non solo l'atmosfera, ma anche il menu e lo stile di servizio. Spesso, i piatti serviti durante una Location Dinner sono pensati per armonizzarsi con il luogo:

  - **Cene storiche in castelli**: il menu potrebbe includere piatti ispirati alla cucina dell'epoca o della regione, con un servizio che rispecchia la tradizione. Gli ospiti potrebbero essere invitati a vestirsi in abiti d'epoca, rendendo la serata ancora più immersiva.

  - **Cene in spiaggia**: il menu potrebbe essere composto da frutti di mare freschi e piatti leggeri, ispirati alla cucina costiera. Il servizio potrebbe essere più informale, con candele o falò che creano un'atmosfera adatta al contesto.

Alcuni esempi:

Ithaa Undersea Restaurant – Maldive

Il ristorante Ithaa Undersea Restaurant alle Maldive è un'esperienza culinaria unica nel suo genere, offrendo una vista subacquea a 180 gradi mentre si mangia. Situato a 5 metri sotto il livello del mare presso il Conrad Maldives Rangali Island nelle Maldive, Ithaa offre un'esperienza culinaria in un ambiente completamente immerso nel mondo sottomarino. Il nome "Ithaa" significa perla nella lingua locale Dhivehi. Essendo uno dei primi ristoranti subacquei al mondo, la location stessa diventa un'esperienza, immersa com'è nelle acque cristalline delle Maldive. La vista della barriera corallina e della vita marina durante il pasto crea una Location Dinner unica

Link alla scheda web:

https://www.itinerariesperienziali.it/directory-offerte/listing/ithaa-undersea-restaurant-maldive/

video di approfondimento:

https://youtu.be/t3xCdULTOa8?si=ROkgCAfwe8zvrk6Z

Dinner in the sky

"Dinner in the Sky" è un concetto unico che eleva letteralmente l'esperienza culinaria, trasformandola in un evento straordinario che porta gli ospiti e la cucina gourmet in aria. Questa esperienza è stata lanciata per la prima volta in Belgio e da allora si è diffusa in varie città di tutto il mondo, offrendo una vista panoramica mozzafiato mentre si gusta un pasto preparato da chef rinomati. Gli ospiti vengono sollevati da una gru fino a circa 50 metri di altezza, dove godono di un pasto mentre sono sospesi in aria. La posizione elevata offre viste uniche e spettacolari del luogo sottostante.

Link alla scheda web:

https://www.itinerariesperienziali.it/directory-offerte/listing/dinner-in-the-sky/

Video di approfondimento:

https://youtu.be/mFDQqOvc__Y?si=Gq53YYKaw1e9zlYR

Chillout Ice Lounge, Dubai.

L'esperienza è caratterizzata dalla presenza di sculture di ghiaccio, dalla disposizione dei posti a sedere e dagli interni illuminati, il tutto a una temperatura di meno sei gradi. Tutto è ghiacciato, compresi tavoli e sedie.

Link alla scheda web:

https://www.itinerariesperienziali.it/directory-offerte/listing/chillout-ice-lounge-dubai/

Video di approfondimento:

https://youtu.be/LrufxWb3XlY?si=7sB7yRBlsSyAPLKm

Ristorante Fangweng – Yangtze River – Cina

Il Ristorante Fangweng è situato nella Provincia di Hubei, in Cina, vicino alla Grotta Sanyou, o "La Grotta dei Tre Viaggiatori", e offre un'esperienza culinaria unica, essendo posizionato lungo il lato di una montagna e offrendo viste spettacolari sul Fiume Yangtze. Il ristorante è parzialmente situato in una grotta naturale e parzialmente sospeso lungo il fianco della montagna, offrendo una vista mozzafiato sul paesaggio circostante.

Link alla scheda web:

https://www.itinerariesperienziali.it/directory-offerte/listing/hanging-restaurant-fangweng-in-yichang-china/

Video di approfondimento:

https://youtu.be/oLT8MpU5K7o?si=shTnxZIgJh65VbIT

Ristorante – La Sponda – Positano

Il Ristorante La Sponda si trova a Positano, all'interno dell'hotel Le Sirenuse.

Positano è nota per la sua bellezza e il ristorante, situato in una posizione privilegiata, permette agli ospiti di immergersi completamente nell'atmosfera unica del luogo.

Link alla scheda web:

https://www.itinerariesperienziali.it/directory-offerte/listing/ristorante-la-sponda-positano/

Video di approfondimento:

https://youtu.be/0B3X-h6Bkco?si=ZQTqNFNUgc0QhOcu

Outstanding in the Field

Questo progetto itinerante organizza cene in fattorie, ranch, vigneti e altri luoghi naturali, dove il cibo è preparato utilizzando prodotti locali raccolti direttamente dal luogo. Il contesto agricolo non solo arricchisce l'esperienza sensoriale, ma sottolinea anche il legame tra cibo e territorio, promuovendo la sostenibilità.

Link al sito web:

https://outstandinginthefield.com/

Video di approfondimento:

https://youtu.be/R1rjwVUZ8SM?si=NrC1Kn0GiaLyz-5s

Ristorante Le Panoramic – Chamonix

Il Ristorante Le Panoramic Brévent è situato a Chamonix, in Francia la sua caratteristica è quella di offrire un'esperienza culinaria unica con viste mozzafiato sulle montagne circostanti.

Link alla scheda web:

https://www.itinerariesperienziali.it/directory-offerte/listing/ristorante-le-panoramic-chamonix/

Video:

https://youtu.be/JO7XH8Lcd1g?si=lcSmftKnMtxp0pHy

Approccio Narrativo (Narrative Dinner): L'esperienza è caratterizzata da un tema ben definito, che si articola attraverso una narrazione che può esplorare diversi aspetti, come la cultura, le tradizioni, i miti o la storia. Un esempio di questo approccio è la **Historical Dinner**, incentrata su un periodo storico specifico, dove i piatti sono ispirati a ricette d'epoca e la narrazione ruota attorno a eventi o personaggi storici. Altri esempi potrebbero includere cene ispirate a leggende locali, fiabe, o tematiche letterarie o cinematografiche.

La **Narrative Dinner** rappresenta un'esperienza gastronomica che va oltre il semplice atto di mangiare, trasformando il pasto in un vero e proprio viaggio narrativo. Il cibo, l'ambiente e l'interazione con i partecipanti sono tutti elementi coordinati in modo da raccontare una storia, immergendo i commensali in un tema ben definito che può spaziare tra diversi ambiti culturali, storici o artistici.

Che si tratti di un periodo storico, di una leggenda, di un film o di una tradizione culturale, il filo narrativo è il cuore pulsante dell'esperienza, capace di coinvolgere i partecipanti su più livelli e creare un ricordo duraturo.

Caratteristiche principali della Narrative Dinner

- **Tema centrale e coerenza narrativa**: La caratteristica principale di una Narrative Dinner è la presenza di un tema centrale ben definito, che funge da filo conduttore dell'intera esperienza. Il tema guida la selezione dei piatti, l'arredamento, la musica, l'interazione del personale e persino l'atmosfera del luogo. La narrazione può essere presentata in modo più o meno esplicito, ma deve risultare coerente per creare un'esperienza unificata e significativa.

- **Multidimensionalità della narrazione**: La narrazione può essere esplorata attraverso più dimensioni e punti di vista, creando un'esperienza stratificata che coinvolge non solo i sensi, ma anche l'immaginazione e le emozioni dei partecipanti. Il cibo diventa un veicolo per esprimere e comunicare elementi legati alla storia o al tema scelto, mentre l'ambiente e gli altri stimoli sensoriali amplificano il coinvolgimento emotivo.

Diverse declinazioni della Narrative Dinner:

- **Historical Dinner**: Uno degli esempi più comuni di Narrative Dinner è la Historical Dinner, dove la narrazione ruota attorno a un periodo storico specifico. I piatti serviti sono ispirati a ricette d'epoca, e l'intera esperienza rievoca il contesto storico di riferimento. La narrazione può riguardare personaggi storici, eventi significativi o momenti culturali cruciali di una determinata epoca. Elementi come costumi, arredamenti e musiche dell'epoca contribuiscono a far sentire i commensali come se fossero parte di quel periodo storico.

- **Cene ispirate a leggende locali o miti**: La narrazione può prendere spunto da leggende locali o mitologie, raccontando storie tramandate da generazioni. In questo contesto, i piatti possono essere simbolici, richiamando ingredienti e sapori legati alla tradizione del luogo o agli elementi della leggenda stessa. Un esempio potrebbe essere una cena dedicata ai miti greci, dove i piatto possono essere accompagnati dalla narrazione delle loro imprese.

- **Fiabe o tematiche letterarie**: Altro esempio di Narrative Dinner è quello basato su fiabe o racconti letterari. In questo caso, l'esperienza si ispira alle storie di grandi opere letterarie, ricreando scene o ambientazioni ispirate ai libri. Un menu può essere strutturato per seguire le tappe narrative della storia, con ogni portata che rappresenta un capitolo o un momento chiave del racconto. Un esempio potrebbe essere una cena ispirata a "Alice nel Paese delle Meraviglie", con piatti bizzarri e atmosfere oniriche che riproducono il mondo surreale descritto nella storia.

- **Cene tematiche cinematografiche o televisive**: Le Narrative Dinner possono anche essere basate su temi cinematografici o televisivi. Un esempio potrebbe essere una cena ispirata a un film famoso, come una cena a tema "Harry Potter", in cui l'atmosfera e il menu richiamano i momenti chiave dei film. Oppure, una cena dedicata al mondo di "Game of Thrones", dove l'arredamento, la musica e i piatti rimandano a scenari medievali. In questo contesto, il cibo e l'ambiente diventano parte integrante della narrazione visiva e simbolica.

- **Cene dedicate a saperi e mestieri tradizionali**: Una Narrative Dinner può anche esplorare il tema di saperi e mestieri tradizionali, come una cena incentrata su antichi mestieri artigianali o su tradizioni culinarie locali. In questo caso, la narrazione ruota attorno al patrimonio culturale e gastronomico del territorio, con racconti che spiegano l'origine dei piatti, le tecniche di lavorazione e l'importanza sociale di determinati mestieri nel corso della storia. I partecipanti potrebbero essere coinvolti in dimostrazioni pratiche o degustazioni interattive, apprendendo mentre vivono l'esperienza.

- **Cene a tema natura**: Un'altra declinazione della Narrative Dinner può focalizzarsi su tematiche legate alla natura. In questo caso, la narrazione potrebbe esplorare l'importanza ed il rispetto per l'ambiente naturale. Ogni piatto può essere progettato per riflettere questi valori. L'ambiente potrebbe essere naturale, come una foresta o una fattoria, dove la narrazione si intreccia con la bellezza e la serenità del contesto naturale.

- **Cene dedicate ai luoghi della memoria**: Le Narrative Dinner possono anche basarsi su eventi storici o culturali significativi, come cene organizzate in luoghi simbolici o legati a personaggi famosi o eventi memorabili. In questo contesto, la cena diventa un modo per commemorare o celebrare momenti importanti della storia o di particolare rilievo culturale.

Elementi centrali della Narrative Dinner:

- **Narrazione attraverso il cibo**: I piatti serviti durante la cena non sono semplici portate, ma elementi narrativi che raccontano una storia. Ogni piatto può rappresentare un personaggio, un evento o un simbolo legato al tema della serata. La narrazione può essere espressa attraverso la scelta degli ingredienti, la preparazione o la presentazione, rendendo il cibo una parte integrante della narrazione.

- **Ambiente tematico**: L'ambiente svolge un ruolo strategico nel creare l'atmosfera narrativa. L'arredamento, l'illuminazione, la disposizione dei tavoli e persino l'abbigliamento del personale possono essere pensati per riflettere il tema scelto. In una Narrative Dinner, ogni dettaglio deve contribuire a creare un ambiente che rafforzi la narrazione e coinvolga i partecipanti a un livello emotivo e sensoriale.

- **Interazione e coinvolgimento**: Le Narrative Dinner spesso includono un elemento di interazione tra i partecipanti e la narrazione stessa. Questo può avvenire attraverso racconti, performance, o momenti di partecipazione attiva, come piccole rappresentazioni teatrali o attività culinarie in cui i partecipanti sono invitati a contribuire.

Ecco alcuni esempi reali di Narrative Dinner:

Le Petit Chef

Questa esperienza di cena immersiva utilizza proiezioni 3D per accompagnare gli ospiti in un'avventura culinaria globale. Ogni piatto è parte di una narrazione visiva, in cui un piccolo chef animato prepara il cibo davanti ai commensali, intrecciando la narrazione con la degustazione. Questa esperienza è un esempio eccellente di come la tecnologia possa integrare una narrazione multisensoriale.

Link al sito web: https://www.dinnertimestory.com/

Video di approfondimento:

https://youtu.be/l3LJYY4KI8g?si=1nGidcfTijacLu2i

Ristorante Sir Lancillot – Budapest

Il **Sir Lancelot Medieval Restaurant** di Budapest offre un'esperienza di cena in stile medievale. Gli ospiti sono immersi in un'atmosfera che richiama il passato, con decorazioni storiche, illuminazione a lume di candela e cibo servito in grandi piatti da condividere, proprio come in un banchetto medievale. L'esperienza è spesso accompagnata da spettacoli dal vivo, che possono includere battaglie di cavalieri, danze e musica.

Link alla scheda web:

https://www.itinerariesperienziali.it/directory-offerte/listing/ristorante-sir-lancillot-budapest/

video di approfondimento:

https://youtu.be/djZneF816aY?si=CNz-tZ1DKRey5M6i

Club Verne, Budapest

Il Club Verne a Budapest offre una dinner experience unica all'interno di un ristorante tematico ispirato all'universo di Jules Verne. L'atmosfera richiama l'ambientazione sottomarina del celebre Nautilus, con un design che simula l'interno di un sottomarino. Il menu include una vasta gamma di piatti ispirati alla tradizione ungherese e internazionale, con un'enfasi particolare su carne, pesce e piatti tipici ungheresi come il gulasch. È un'esperienza ideale per gli amanti delle ambientazioni avventurose.

Link alla scheda:

https://www.itinerariesperienziali.it/directory-offerte/listing/club-verne-budapest/

Movie Restaurant – Roma

Il ristorante è un vero e proprio museo dedicato al cinema, con esposizioni di statue cinematografiche, repliche a grandezza reale, robot giapponesi, cavalieri dello zodiaco e molto altro. Ogni visita può offrire qualcosa di diverso grazie alla rotazione delle opere esposte. I piatti offerti prendono spunto dal mondo del cinema e delle serie TV, con nomi e presentazioni ispirate a film famosi e personaggi amati. Ad esempio, i piatti potrebbero avere nomi ispirati a "Il Signore degli Anelli", "Star Wars" o "Peppa Pig". I dessert sono una delle specialità del ristorante, offrendo non solo un piacere per il palato ma anche un festino per gli occhi. Sono ispirati a film e serie TV e presentati in modi divertenti e creativi.

L'esperienza offerta dal Movie Restaurant può essere associata a diverse sottocategorie della "Dinner Experience (DIE)":

- **Narrative Dinner**: Grazie all'ambientazione fortemente tematica e alle serate a tema, il ristorante crea una narrazione che si intreccia con l'esperienza culinaria.

- **Location Dinner**: L'ambiente unico e immersivo del ristorante, che funge da museo del cinema, offre un'esperienza di cena in una location decisamente fuori dal comune.

- **Intrattenimento (Dinner Show)**: Le serate tematiche e gli eventi speciali offrono intrattenimento e spettacolo durante la cena.

https://www.itinerariesperienziali.it/directory-offerte/listing/movie-restaurant-roma/

Video: https://youtu.be/hBqrfSTE41A?si=EX2kGT4Eca4m3dG4

Ristorante Alice of Magic World, Tokyo

Il ristorante "Alice of Magic World" a Tokyo, Giappone, offre un'esperienza a tema legata al celebre romanzo "Alice nel Paese delle Meraviglie" di Lewis Carroll. Gli interni del ristorante sono divisi in diverse aree che includono spazi dedicati alla Regina di Cuori, un giardino-labirinto con piccoli salottini in stile Disney, pareti adornate con ampi specchi che richiamano la fiaba originale di Carroll e un'area con libri giganti e una porta di ferro battuto che evoca le atmosfere di Tim Burton.

Scheda web:

https://www.itinerariesperienziali.it/directory-offerte/listing/ristorante-alice-of-magic-world-tokyo/

Video:

https://youtu.be/l_i-SNMnTCw?si=jk7x4T7Q4sbxD2F3

Intrattenimento (Dinner Show): L'esperienza è caratterizzata da un forte elemento di intrattenimento, come spettacoli teatrali, musicali, di magia o altre forme di performance dal vivo che accompagnano la cena. Il cibo diventa parte di un evento più ampio in cui l'intrattenimento è centrale e rende il pasto decisamente più dinamico.

Caratteristiche principali della Dinner Show

- **Elemento di intrattenimento centrale**: La Dinner Show si distingue per la presenza di un forte elemento di spettacolo che si integra con il pasto. L'intrattenimento può assumere diverse forme, a seconda del tema della serata o del locale. Ecco alcune tipologie di intrattenimento frequentemente presenti in una Dinner Show:
    - **Spettacoli teatrali o musicali**: gli ospiti possono assistere a rappresentazioni dal vivo, come spettacoli teatrali, musical o esibizioni di band.
    - **Magia e illusionismo**: cene accompagnate da spettacoli di magia, con illusionisti che intrattengono gli ospiti durante o tra una portata e l'altra.
    - **Danza e performance**: ballerini o artisti circensi possono offrire performance artistiche che arricchiscono l'esperienza.
- **Coinvolgimento del pubblico**: In molte Dinner Show, il pubblico non è solo uno spettatore passivo, ma viene coinvolto attivamente nello spettacolo. Gli artisti possono interagire direttamente con gli ospiti, rompendo la barriera tra palco e sala. Questa interazione aumenta il livello di coinvolgimento e contribuisce a rendere l'esperienza più vivace e memorabile.
- **Integrazione tra cibo e spettacolo**: Il pasto è curato e pensato per integrarsi con il tema dello spettacolo. Per esempio, una cena a tema medievale potrebbe includere portate ispirate alla cucina dell'epoca, con spettacoli di cavalieri o giullari. Il menu e il servizio sono progettati per essere in sintonia con l'atmosfera generale.

- **Atmosfera festosa**: La Dinner Show si svolge solitamente in un ambiente festoso e interattivo, dove il ritmo del pasto è scandito dagli spettacoli. Questo crea un'atmosfera dinamica che coinvolge tutti i partecipanti e rende l'esperienza meno formale rispetto a una cena tradizionale. La musica, le luci e le scenografie giocano un ruolo fondamentale nella creazione di quest'atmosfera.

Distinzione dall'approccio teatrale di presentazione dei piatti

È importante non confondere la Dinner Show con l'approccio teatrale alla presentazione dei piatti, che riguarda la preparazione e l'impiattamento scenografico del cibo. In questo caso, il focus è sull'aspetto visivo e artistico del piatto stesso, non sull'intrattenimento esterno. Nella Dinner Show, invece, il cibo è accompagnato da spettacoli che si svolgono separatamente rispetto alla preparazione o presentazione dei piatti.

Tipologie di Dinner Show

Esistono diverse declinazioni di **Dinner Show**, che possono essere adattate a contesti e tematiche specifiche:

- **Cene medievali**: con spettacoli di cavalieri e giullari, spesso accompagnati da musica d'epoca e pietanze rustiche.
- **Cabaret e burlesque**: cene accompagnate da spettacoli di danza, cabaret o performance sensuali in un'atmosfera elegante e raffinata.
- **Spettacoli di magia e illusionismo**: con protagonisti prestigiatori e illusionisti che intrattengono gli ospiti con trucchi e illusioni.
- **Cene a tema cinema o teatro**: dove i partecipanti possono rivivere l'atmosfera di un film o di una rappresentazione teatrale, con spettacoli ispirati a grandi opere cinematografiche o teatrali.

Alcuni esempi:

Ristorante Il teatro del Monastero di Cherasco

Il Ristorante Il Teatro del Monastero di Cherasco offre un'esperienza enogastronomica all'interno di un teatro del 1700, da cui prende il nome. Le cene sono spesso accompagnate da momenti di intrattenimento che prevedono cabaret e spettacoli teatrali.

Scheda web:

https://www.itinerariesperienziali.it/directory-offerte/listing/ristorante-il-teatro-del-monastero-di-cherasco/

video:

https://youtu.be/ZbDXlmwYT8g?si=GOK4USg4HNGMT8iI

Cabaret Restauranty Show, Bogotà - Santa Bárbara

Il Cabaret Restaurant Show a Bogotá, nel quartiere di Santa Bárbara, offre un'esperienza di dinner show che combina intrattenimento e cucina. Gli ospiti possono godere di spettacoli dal vivo, come cabaret, musica e performance artistiche, mentre gustano il loro pasto. Il ristorante presenta un'atmosfera elegante e teatrale, con un menu che spazia tra piatti internazionali e locali, accompagnando ogni portata con spettacoli creati per intrattenere e coinvolgere gli ospiti.

Link alla scheda web:

https://www.itinerariesperienziali.it/directory-offerte/listing/cabaret-restauranty-show-bogota-santa-barbara/

Video:

https://youtu.be/iZyKU3e1pzs?si=_aCMyvggtDBeKftk

Ristorante Maison – Milano

Il **Maison Milano** offre un'esperienza di cena combinata con spettacoli di intrattenimento. Maison Milano crea uno spettacolo ogni sera, offrendo varietà di intrattenimenti come burlesque, circo, musica dal vivo e altri tipi di spettacolo.

Scheda web:

https://www.itinerariesperienziali.it/directory-offerte/listing/ristorante-maison-milano/

video:

https://youtu.be/HGXd4cpzly0?si=Gv5CFJJJOU2XQkX5

Twisted Circus – esibizione al Cafe de Paris

Il Café de Paris è un night club di Londra situato su Coventry Street, nel West End ospita spesso lo spettacolo di Twisted Circus costituito da acrobazie aeree, giochi del fuoco, trampolieri ed altre forme di intrattenimento.

Scheda web:

https://www.itinerariesperienziali.it/directory-offerte/listing/twisted-circus-esibizione-al-cafe-de-paris/

Video: https://youtu.be/583cQ_vfUhE?si=dCDuF_rwYHYtoPAs

Moulin Rouge (Parigi, Francia)

Uno dei più famosi Dinner Show al mondo, il Moulin Rouge offre una combinazione di spettacoli di cabaret e una cena raffinata. Gli ospiti possono gustare una cena mentre assistono a spettacolari esibizioni di danza e musica.

Sito web: https://www.moulinrouge.fr/

Approccio Espositivo (Art Dinner): L'esperienza è strettamente legata a eventi espositivi, come mostre d'arte, fotografia o installazioni di arte contemporanea. In questo contesto, il cibo e l'arte visiva si intrecciano, creando una sinergia tra nutrimento estetico e nutrimento fisico.

Caratteristiche principali della Art Dinner:

- **Integrazione tra arte e cibo**: La chiave di un'Art Dinner è l'integrazione armoniosa tra il cibo e l'arte visiva. Ogni piatto è concepito come parte del contesto espositivo, completando l'esperienza estetica. Il cibo può essere preparato in modo tale da richiamare i colori, le forme o i concetti delle opere esposte, creando una sinergia tra gli elementi visivi e quelli culinari.

- **Location come parte dell'esperienza**: La Art Dinner spesso si svolge in un museo, galleria d'arte o luogo espositivo, dove l'ambiente arricchisce la percezione del cibo. Il contesto artistico stimola i partecipanti a vivere il pasto non solo come nutrimento, ma come parte di un percorso culturale. Esempio: Una cena organizzata all'interno di una mostra di sculture potrebbe portare i commensali a passeggiare tra le opere d'arte prima o durante il pasto, creando un forte legame tra le due esperienze.

- **Interazione tra chef e artista**: Spesso, l'esperienza espositiva include una collaborazione tra lo chef e l'artista, dove la creatività di entrambi si fonde. Lo chef potrebbe lavorare a stretto contatto con l'artista per creare un menu che rifletta l'essenza delle opere d'arte esposte, rendendo il pasto un'estensione del messaggio artistico. Esempio: In una collaborazione tra un pittore e uno chef, ogni portata potrebbe essere ispirata a una delle opere esposte, con lo chef che traduce in cibo il concetto artistico dell'opera.

- **Narrazione culturale**: Le Art Dinner spesso includono un elemento narrativo, dove il cibo racconta una storia o esprime un concetto artistico. Gli ospiti possono essere guidati attraverso un viaggio che unisce l'arte visiva alla cultura gastronomica, esplorando temi e concetti legati a entrambi i mondi. Esempio: In una mostra dedicata al surrealismo, il menu potrebbe includere piatti inaspettati o presentazioni insolite che riflettono l'assurdità e il mistero delle opere di artisti come Salvador Dalí.

Tipologie di Art Dinner:

- **Cene ispirate a mostre d'arte**: Cene organizzate in musei o gallerie durante mostre temporanee o permanenti, dove i piatti sono ispirati alle opere in esposizione.

- **Cene con installazioni interattive**: Esperienze in cui il cibo stesso è parte di un'installazione artistica interattiva, dove i partecipanti sono incoraggiati a esplorare il rapporto tra arte e cucina attraverso la manipolazione diretta degli elementi.

- **Cene in gallerie d'arte o musei**: Una mostra d'arte è il contesto della cena, dove ogni piatto è ispirato alle opere esposte. Può includere una visita guidata con artisti o curatori che raccontano la connessione tra arte e cibo.

- **Cena con performance artistiche**: Mentre gli ospiti cenano, si svolgono performance artistiche come danza, teatro o live painting, dove l'arte è creata in tempo reale in connessione con il cibo servito.

Alcuni esempi:

Ecco alcuni esempi reali di Art Dinner Experience che uniscono cibo e arte visiva:

Seven Paintings Immersive Dining Experience (Dubai)

Questo evento combina l'arte e la gastronomia in un'esperienza multisensoriale che trasporta i commensali attraverso capolavori di artisti come Michelangelo, Picasso, Warhol e Van Gogh. Ogni portata è ispirata a uno stile artistico specifico e viene servita in un ambiente che utilizza proiezioni e tecnologia per raccontare la storia dietro ogni opera.

Video di approfondimento:

https://youtu.be/aXxiBdjI3Nc?si=oY5hPMInCxwwUpfA

Gallery Restaurant – Reykjavik

Il Gallery Restaurant di Reykjavik offre un'esperienza culinaria all'insegna della cucina d'autore, servita tra capolavori della pittura. L'elegante sala da pranzo e la pregiata collezione d'arte islandese costituiscono il palcoscenico perfetto per le innovative creazioni culinarie dello Chef Fridgeir Ingi Eriksson.

Scheda web:

https://www.itinerariesperienziali.it/directory-offerte/listing/gallery-restaurant-reykjavik/

Video di approfondimento:

https://youtu.be/ZxOJuSzvFgw?si=OLUaAV7YhCucK78K

Cafe Jacquemart-Andre – Paris

Il café è situato all'interno di un museo, quindi gli ospiti possono godere della vista di opere d'arte straordinarie mentre gustano i loro pasti. L'ambiente è elegante e ricco di dettagli architettonici e artistici storici, offrendo un'esperienza culinaria immersa nell'arte e nella cultura.

Scheda web:

https://www.itinerariesperienziali.it/directory-offerte/listing/cafe-jacquemart-andre-paris/

Studio Table (San Francisco, USA)

In questa esperienza, gli ospiti cenano all'interno dello studio dell'artista Heather Day, circondati dalle sue opere d'arte. Le cene sono organizzate insieme a chef rinomati come Ben Roche, e ogni pasto è accompagnato da conversazioni sull'arte e un'edizione limitata di stampe create dall'artista, che fungono anche da menù. Questo tipo di cena unisce arte visiva, gastronomia e interazione sociale, offrendo un'esperienza artistica a tutto tondo.

Link al sito web:

https://www.studiotable.com/

Approccio Formativo (School Dinner): L'esperienza è associata a un corso di cucina, dove i partecipanti apprendono nuove tecniche o informazioni sui prodotti tipici del territorio. Questo approccio unisce la formazione pratica con il piacere della degustazione finale, rendendo il processo educativo parte integrante dell'esperienza e rendendo la cena non solo un momento di piacere, ma anche di crescita culturale.

Caratteristiche principali dell'Approccio Formativo (School Dinner)

- **Apprendimento pratico**: L'elemento centrale di una School Dinner è l'insegnamento pratico. I partecipanti non sono semplicemente spettatori passivi, ma prendono parte attivamente alla preparazione dei piatti. Guidati da uno chef professionista o da un esperto di cucina, gli ospiti possono imparare nuove tecniche culinarie, esplorare ingredienti locali e comprendere i segreti che si celano dietro ogni piatto. L'apprendimento può includere:
    1. **Tecniche di cucina specifiche**: come la panificazione, la preparazione della pasta fresca, l'affumicatura di carni o pesci, la lavorazione di ingredienti particolari.
    2. **L'uso di strumenti e attrezzature**: come il forno a legna, le tecniche di cottura su fiamma viva o utensili particolari per la cucina regionale.
- **Conoscenza dei prodotti tipici**: Un'altra caratteristica chiave della School Dinner è la valorizzazione dei prodotti tipici locali. Gli ospiti hanno l'opportunità di conoscere a fondo gli ingredienti utilizzati, dalla loro provenienza alla loro storia, fino alle modalità di lavorazione tradizionale. Questo permette di approfondire il legame tra la cucina e il territorio, evidenziando l'importanza della sostenibilità e dell'agricoltura locale.

- **Interazione diretta con lo chef o l'esperto**: Durante la School Dinner, gli ospiti hanno l'opportunità di interagire direttamente con lo chef o l'esperto culinario. Questo dialogo arricchisce l'esperienza formativa, poiché i partecipanti possono fare domande, chiedere consigli e ottenere spiegazioni dettagliate su tecniche, ricette e tradizioni culinarie. L'interazione con chi guida il processo culinario è spesso informale e conviviale, favorendo l'apprendimento in un'atmosfera rilassata e piacevole.

- **Esperienza degustativa finale**: Dopo aver partecipato attivamente alla preparazione dei piatti, la School Dinner culmina in una cena conviviale in cui gli ospiti possono gustare i frutti del loro lavoro. La degustazione finale non è solo un momento di piacere gastronomico, ma anche una fase importante dell'apprendimento, dove i partecipanti possono riflettere su ciò che hanno appreso e apprezzare le differenze sensoriali che derivano dalle tecniche utilizzate.

- **Convivialità**: La School Dinner promuove anche la convivialità tra i partecipanti. Il processo di preparazione dei piatti e la successiva degustazione creano un ambiente informale e collaborativo, dove la condivisione di cibo e conoscenze rafforza il senso di comunità. Le cene formative offrono quindi non solo l'opportunità di apprendere, ma anche di connettersi con altre persone che condividono lo stesso interesse per la cucina e la cultura gastronomica.

Varietà di esperienze formative: Le School Dinner possono essere organizzate in diversi contesti e con finalità diverse, offrendo una varietà di esperienze formative:

- **Workshop tematici**: come lezioni di cucina su specifiche tradizioni culinarie regionali, ad esempio la cucina toscana, siciliana o pugliese, dove i partecipanti imparano a preparare piatti tradizionali con ingredienti locali.

- **Corsi di cucina salutare**: dove l'obiettivo è insegnare tecniche di cucina per creare piatti sani e bilanciati, utilizzando ingredienti biologici e stagionali.

- **Cene didattiche con degustazione vini**: in cui la formazione include l'abbinamento cibo-vino, con sommelier che insegnano come scegliere il vino giusto per ogni piatto e spiegano le caratteristiche dei vitigni locali.

Di seguito alcuni esempi:

The Culinary Institute of America (CIA) – USA

The Culinary Institute of America offre corsi di cucina e workshop sia per appassionati di cucina che per professionisti, permettendo loro di "imparare facendo". I partecipanti non solo apprendono tecniche culinarie, ma si immergono anche attivamente nella preparazione dei piatti, sperimentando direttamente ingredienti e tecniche.

Link all'istituto: https://www.ciachef.edu/

Link al video di presentazione:

https://youtu.be/cQ7C4diTAFU

Sushi Making Workshop in Japan

Workshop dove i partecipanti possono imparare l'arte di fare il sushi con chef esperti in Giappone.

https://www.japanican.com/

Video di approfondimento:

https://youtu.be/8Atz3IA0tO4?si=HrcMoXf2lolW8w4P

The Irish Whiskey Experience - Irlanda

Un centro dedicato all'apprendimento dell'arte della degustazione del whiskey e della sua produzione. Oltre alle degustazioni guidate, i visitatori possono partecipare a corsi per creare la propria miscela di whiskey, imparando attraverso l'esperienza diretta.

https://www.irishwhiskeyexperience.net/

Cucina e gusta

Cucina e gusta è una iniziativa proposta da un ristorante trentino dove è possibile accedere alla cucina per preparare, assieme allo chef e successivamente degustare, ricette locali.

https://www.itinerariesperienziali.it/directory-offerte/listing/cucina-e-gusta/

Sur La Table - Stati Uniti

Sur La Table offre una varietà di lezioni di cucina, da quelle per principianti a quelle più avanzate, e spesso terminano con una cena che comprende i piatti preparati durante la lezione.

https://www.surlatable.com/cooking-classes/

Jamie Oliver Cookery School - Londra, Regno Unito

La scuola di cucina di Jamie Oliver offre una vasta gamma di corsi di cucina, dai corsi di pasta fatta in casa a quelli di cucina thailandese, e gli ospiti possono gustare i piatti che hanno preparato alla fine della lezione.

https://jamieolivercookeryschool.com/

Cook'n With Class - Parigi, Francia

Offre una varietà di lezioni di cucina in cui gli ospiti possono imparare a fare tutto, dai croissant francesi ai piatti gourmet, e poi godersi i frutti del loro lavoro in un pasto alla fine della lezione.

https://cooknwithclass.com/

Benessere (Wellness Dinner): Un'esperienza che si focalizza sul benessere fisico e mentale, con piatti bilanciati e nutrienti, in alcuni casi accompagnati da sessioni di meditazione o yoga. Il pasto è pensato per nutrire il corpo e rilassare la mente, con una forte enfasi sulla salute.

La Wellness Dinner è molto più di un semplice pasto; è un'esperienza trasformativa che combina alimentazione sana, pratiche di benessere mentale e fisico, e un contesto rigenerante. Il focus è sulla salute olistica, dove il cibo diventa uno strumento per raggiungere equilibrio e serenità, in sintonia con una filosofia di vita sostenibile e consapevole.

Caratteristiche principali della Wellness Dinner

- **Cibo salutare e bilanciato**: La componente principale di una Wellness Dinner è un menu attentamente studiato per essere equilibrato, nutriente e salutare. I piatti sono spesso a base di ingredienti freschi, locali, e biologici, con una particolare attenzione a:

    o **Piatti ricchi di nutrienti**: combinazioni di proteine magre, carboidrati complessi, grassi sani e abbondanti porzioni di verdure e frutta di stagione. Viene data importanza a superfood come quinoa, avocado, semi di chia, verdure a foglia verde, ecc.

    o **Cucina leggera e bilanciata**: tecniche di cottura sane come la cottura a vapore, al forno o in padella senza l'uso eccessivo di oli e grassi. Anche la riduzione degli zuccheri e del sale è centrale.

    o **Diete specifiche**: molti di questi eventi possono includere opzioni per diete speciali come vegane, vegetariane, senza glutine o senza latticini, per soddisfare le esigenze alimentari di ogni partecipante.

- **Integrazione di pratiche di benessere**: La Wellness Dinner spesso include non solo il cibo, ma anche pratiche che promuovono il benessere mentale e fisico. Alcuni esempi includono:

  - **Sessioni di yoga**: prima del pasto, i partecipanti possono essere invitati a praticare yoga per rilassare la mente e il corpo, preparandosi al pasto con una sensazione di calma e apertura.

  - **Meditazione guidata**: momenti di meditazione prima, durante o dopo il pasto, per aiutare i partecipanti a entrare in contatto con i propri sensi e ad apprezzare consapevolmente ogni boccone. La meditazione può anche servire come strumento per migliorare la digestione e ridurre lo stress.

  - **Mindful eating**: la cena viene vissuta come un'esperienza di alimentazione consapevole, dove i partecipanti sono incoraggiati a mangiare lentamente, prestando attenzione a ogni sapore, consistenza e profumo dei piatti, coltivando una maggiore consapevolezza delle proprie sensazioni corporee.

- **Ambiente rilassante e rigenerante**: L'ambiente in cui si svolge la Wellness Dinner è progettato per favorire il relax e il benessere. L'illuminazione è spesso soffusa, con candele o luci naturali, e la disposizione degli spazi è pensata per creare un'atmosfera tranquilla e armoniosa.

  - **Musica rilassante**: durante la cena, si può ascoltare musica soft, suoni della natura o melodie rilassanti, che aiutano a creare un contesto privo di stress.

  - **Materiali naturali**: l'arredamento e gli utensili utilizzati sono spesso realizzati con materiali naturali e sostenibili, come legno, bambù o ceramiche artigianali, che favoriscono un contatto con la natura e con l'essenza del cibo.

- **Connettività mente-corpo**: Una Wellness Dinner promuove anche la consapevolezza del rapporto tra mente e corpo. Ogni aspetto del pasto è progettato per nutrire non solo il fisico, ma anche per favorire una connessione più profonda con sé stessi e con gli altri partecipanti.

  - **Esperienze sensoriali**: il pasto può essere concepito come un viaggio sensoriale, con piatti che stimolano il gusto, l'olfatto, la vista e persino il tatto. Questa stimolazione sensoriale viene vissuta in modo pienamente consapevole, incoraggiando un senso di gratitudine e apprezzamento per il cibo e la natura.

  - **Benessere emotivo**: l'atmosfera rilassante e la scelta di cibi sani e nutrienti possono aiutare a migliorare l'umore e ridurre l'ansia, rendendo l'intera esperienza un'occasione di guarigione sia fisica che emotiva.

Tipologie di Wellness Dinner:

- **Yoga e cena detox**: Una combinazione di yoga rigenerativo seguito da una cena detox a base di ingredienti purificanti come zuppe di verdure, tisane e piatti leggeri a base di cereali integrali e proteine vegetali. È pensata per favorire la pulizia interna e promuovere un senso di leggerezza fisica e mentale.

- **Cena consapevole**: L'attenzione è sulla pratica di **mindful eating**, dove i partecipanti sono guidati a mangiare lentamente e consapevolmente. Ogni portata viene servita con indicazioni su come focalizzarsi sulle sensazioni del cibo, eliminando distrazioni come telefoni o conversazioni superficiali.

- **Cena ayurvedica**: Basata sui principi dell'**Ayurveda**, un'antica scienza medica indiana, questa cena è progettata per equilibrare le diverse energie o "dosha" del corpo attraverso l'uso di spezie, erbe e ingredienti specifici per ciascun tipo di costituzione.

- **Cena e meditazione**: Combina un pasto leggero con sessioni di meditazione guidata prima e dopo la cena. L'obiettivo è promuovere una digestione sana e una mente calma, fornendo un senso di completezza e appagamento.

Esempi di Wellness Dinner:

Mandarin Oriental Wellness Retreats (diverse sedi nel mondo)
Il gruppo Mandarin Oriental offre esperienze culinarie di benessere nei suoi resort, combinando pasti salutari con sessioni di yoga, meditazione e trattamenti spa. Queste cene sono studiate per offrire un'esperienza olistica che nutre corpo e mente.

Video di approfondimento:

https://youtu.be/aF_cHHvXmiY?si=n0YnNzxmqk_AFlvY

Anantara Spa & Wellness Dinner (Maldive)

Le cene benessere di Anantara si tengono in luoghi idilliaci, combinando alimentazione sana e tecniche di guarigione olistica, come yoga e meditazione, per offrire un'esperienza totale di benessere.

Video di approfondimento:

https://youtu.be/ZWnBFLuttQc?si=9Q9C4758bj1nct95

Kamalaya Wellness Sanctuary (Koh Samui, Thailandia)

Questo resort offre cene benessere in un ambiente rigenerante, con menu basati su principi di alimentazione consapevole e cibi nutrienti, abbinati a sessioni di yoga e trattamenti olistici.

Sito web: https://kamalaya.com/

The Resort at Paws Up (Montana, USA)

Questo resort offre cene con dimostrazioni di cucina salutare tenute da chef celebri, in un contesto che promuove il benessere olistico. Le esperienze culinarie si affiancano ad attività fisiche come escursioni e pesca, per un approccio completo al wellness.

Sito web: https://www.pawsup.com/dining

Approccio Sostenibile (Sustainable Dinner): L'esperienza è incentrata su pratiche di sostenibilità, con particolare attenzione all'origine degli ingredienti, alla riduzione degli sprechi e all'uso di prodotti locali e biologici. Le cene sostenibili sensibilizzano i partecipanti sulle tematiche ambientali, offrendo un'esperienza che non solo è gustosa, ma anche etica. Tale approccio non è solo un'esperienza culinaria, ma un vero e proprio manifesto di responsabilità ambientale e sociale.

Caratteristiche principali dell'Approccio Sostenibile (Sustainable Dinner)

- **Ingredienti locali e di stagione**: La Sustainable Dinner si basa principalmente sull'utilizzo di ingredienti locali e di stagione. Questo riduce l'impronta ecologica legata al trasporto dei cibi e supporta l'economia locale. Gli ingredienti utilizzati sono scelti per la loro freschezza e autenticità, spesso provenienti da piccoli produttori, fattorie locali o cooperative agricole.

- **Prodotti biologici e sostenibili**: L'uso di prodotti biologici e coltivati in modo sostenibile è un altro pilastro fondamentale. Gli ingredienti provengono da agricoltura biologica, dove non vengono utilizzati pesticidi chimici o fertilizzanti sintetici, e da pratiche di allevamento etiche, che rispettano il benessere degli animali.

- **Riduzione degli sprechi alimentari**: Un elemento chiave di una Sustainable Dinner è la riduzione degli sprechi. Le cene sostenibili sono progettate per minimizzare gli avanzi, utilizzando tecniche come la pianificazione precisa del menu, l'uso completo degli ingredienti e la valorizzazione delle parti di prodotti che normalmente sarebbero scartate.

- **Cucina a basso impatto energetico**: Le tecniche di cottura utilizzate in una Sustainable Dinner mirano a ridurre il consumo energetico. Si privilegiano metodi di cottura che utilizzano meno energia, come la cottura a bassa temperatura o l'uso di forni solari e griglie ecologiche.

- **Materiali e utensili eco-friendly**: Anche l'uso di materiali sostenibili nella presentazione e nel servizio del cibo è parte integrante di una Sustainable Dinner. Le stoviglie e le posate possono essere realizzate con materiali riciclabili, biodegradabili o compostabili. In alcuni casi, gli utensili possono essere riutilizzabili e provenire da pratiche di artigianato locale.

- **Educazione e sensibilizzazione**: Uno degli obiettivi principali di una Sustainable Dinner è educare i partecipanti sui temi della sostenibilità alimentare. Gli ospiti non sono solo consumatori, ma partecipano attivamente alla comprensione del processo di produzione, approvvigionamento e preparazione degli alimenti. Durante la cena, possono essere organizzati momenti di sensibilizzazione, come la spiegazione dell'origine degli ingredienti o delle tecniche di coltivazione sostenibile.

- **Promozione della biodiversità**: Una Sustainable Dinner promuove spesso l'uso di ingredienti che supportano la biodiversità. Questo può includere varietà locali di piante e animali che rischiano di essere dimenticate, ma che hanno un valore culturale e nutrizionale importante.

Esempi di Sustainable Dinner:

Nolla (Helsinki, Finlandia)

Nolla è un ristorante "zero-waste" dove tutto, dai prodotti al packaging, viene utilizzato al massimo per ridurre gli sprechi. Gli ingredienti sono locali e di stagione, e il ristorante adotta una filosofia sostenibile in ogni aspetto della gestione, incluso l'uso di energia rinnovabile.

Link al sito web:

https://www.restaurantnolla.com/

Video di approfondimento:

https://youtu.be/qx6Yxv1_Ktw?si=-9sWFAYA1wcaElNn

Ristorante Joia (Milano, Italia)

Questo ristorante vegetariano stellato, fondato dallo chef Pietro Leemann, è basato su una filosofia di sostenibilità che include l'uso di prodotti biologici, locali e stagionali. La cucina è incentrata sulla valorizzazione degli ingredienti naturali e sulla promozione di una cultura alimentare etica.

Link al sito web: https://joia.it/

Video di approfondimento:

https://youtu.be/iienGAHDQV4?si=sm8Gev1AVIXUoaqG

Blue Hill at Stone Barns (New York, USA)

Situato in una fattoria biodinamica, questo ristorante celebra il concetto di "farm-to-table", con ingredienti coltivati direttamente sul posto. Gli ospiti partecipano a una cena che cambia costantemente a seconda delle stagioni, seguendo i cicli naturali della produzione agricola.

Link al sito web:

https://www.bluehillfarm.com/

Video di approfondimento:

https://youtu.be/RkM2PygFtbE?si=1yF_tGq0l3tt6GVN

Silo (Londra, Inghilterra)

Un altro esempio di ristorante zero-waste, Silo adotta pratiche che includono il riuso dei materiali per gli arredi, l'acquisto di cibo in confezioni riutilizzabili, e la produzione di compost dai rifiuti alimentari. L'approccio sostenibile del ristorante è stato riconosciuto anche con una Green Star.

Video:

https://youtu.be/YwaWelw1lLk?si=2flz-nrXfrMWMB22

Hiša Franko (Kobarid, Slovenia)

Guidato dalla chef Ana Roš, questo ristorante utilizza ingredienti locali e sostenibili provenienti dalla vicina campagna slovena. La filosofia di zero chilometri significa che gli ingredienti sono sempre freschi e il ristorante segue la stagionalità per minimizzare gli sprechi alimentari e l'impatto ambientale.

Video:

https://youtu.be/fUZw_mw4abQ?si=hKwuta9NuFr4rn2m

1.3 La Gastrofisica

Gastrofisica

Il termine "gastrofisica" è stato coniato da Charles Spence, psicologo sperimentale e professore universitario presso l'Università di Oxford, autore nel 2017 del libro Gastrophysics. The new science of eating e tradotto e pubblicato in italiano nel 2020 da Readrink con il titolo "Gastrofisica. La nuova scienza del mangiare".

Nel libro Spence dà la seguente definizione di gastrofisica"

Studio scientifico dei fattori che influenzano la nostra percezione sensoriale mentre assaggiamo cibi e bevande[3]

Il termine deriva dalla unione di due parole: gastronomia e psicofisica, dove quest'ultima identifica lo studio scientifico della percezione.

La gastrofisica è alla base di numerose esperienze enogastronomiche. Come osserva Spencer, questa disciplina non si limita ai cibi e bevande di lusso, ma si applica a qualsiasi contesto gastronomico, poiché studia i fattori che influenzano i nostri sensi mentre mangiamo e beviamo. In particolare, la gastrofisica trova una forte connessione con il concetto di multisensorialità, uno dei principi fondamentali delle esperienze culinarie. Il suo campo di studio abbraccia tutti e cinque i sensi: gusto, olfatto, vista, udito e tatto.

---

[3] Charles Spence – Gastrofisica. La nuova scienza del mangiare pag. 22

Uno dei cinque sensi di cui l'uomo è dotato: è il senso specifico esercitato attraverso gli organi gustativi o organi del gusto (papille contenute nelle varie parti della cavità orale, nervo glossofaringeo, corda del timpano), per mezzo del quale viene riconosciuto e controllato il sapore delle sostanze introdotte nel cavo orale. (Treccani)

Il gusto è quindi la sensazione prodotta quando una sostanza in bocca reagisce chimicamente con i recettori presenti sulle papille.

Il concetto dei **cinque gusti fondamentali** riflette le categorie principali attraverso cui percepiamo e distinguiamo i sapori. Questi cinque gusti sono:

- **Dolce**: associato principalmente a zuccheri, evoca piacere e soddisfazione.

- **Aspro**: tipico degli agrumi e di cibi aciduli, è dovuto alla presenza di acidi.

- **Salato**: legato al sodio e altri sali minerali.

- **Amaro**: In piccole dosi, è apprezzato in alimenti come caffè, cioccolato fondente e alcune verdure.

- **Umami**: scoperto più recentemente, è il gusto che si traduce come "delizioso" o "saporito". È associato all'acido glutammico e al glutammato monosodico (MSG), che si trova naturalmente in cibi come pomodori, parmigiano, funghi e brodi.

L'Umami e le sue caratteristiche

L'Umami, il quinto gusto fondamentale, deriva dalla presenza di glutammato, un amminoacido presente naturalmente in vari cibi. Scoperto dal chimico giapponese Kikunae Ikeda nel 1908, l'Umami è il gusto associato a cibi ricchi di proteine e amminoacidi, conferendo un sapore pieno e rotondo. Questo gusto è fortemente percepito in alimenti come formaggi stagionati, pomodori, funghi, alghe e prodotti a base di soia fermentata. Il glutammato monosodico (MSG), un derivato dell'acido glutammico, è spesso utilizzato come esaltatore di sapidità nei cibi.

Gusti emergenti

Oltre ai cinque gusti primari, alcuni ricercatori hanno proposto l'inclusione di ulteriori gusti, che potrebbero arricchire la nostra comprensione delle percezioni gustative:

- **Kokumi**: un gusto associato alla sensazione di "pienezza" o complessità, che non aggiunge un sapore specifico, ma intensifica gli altri gusti.

- **Metallico**: spesso percepito in certi alimenti.

- **Acido grasso**: recentemente studiato, si riferisce alla capacità del nostro palato di percepire certi acidi grassi, come quelli presenti negli oli vegetali o nei grassi animali.

Interazione dei gusti

I gusti non agiscono in modo isolato, ma interagiscono tra loro per creare esperienze sensoriali più complesse. Ad esempio, il dolce può bilanciare l'amaro, mentre l'umami può esaltare i sapori dolci o salati. Questa interazione è alla base delle combinazioni di sapori che vengono esplorate nelle cucine di tutto il mondo. Gli chef, attraverso la conoscenza di queste interazioni, possono creare piatti che bilanciano perfettamente i sapori, creando armonia o contrasto nel piatto.

La combinazione dei gusti primari genera tutti gli altri. Ogni gusto è in grado, interagendo con gli altri di esaltare o "coprire" gli altri gusti.

Inoltre, la percezione del gusto può essere influenzata anche da altri aspetti quali il colore e l'odore.

Di norma è difficile sentire solo e distintamente un solo gusto, a meno di casi particolari, come aver esagerato con il sale e il cibo risulta troppo salato.

La mappa del gusto

La concezione della mappa del gusto ha dominato per anni l'idea comune di come la lingua percepisce i gusti. Secondo questa teoria, si credeva che specifiche zone della lingua fossero dedicate alla percezione di gusti particolari: il dolce sulla punta, l'amaro sul fondo, il salato e l'acido ai lati. Tuttavia, questa visione è stata smentita dalla scienza moderna.

In realtà, i recettori del gusto – o papille gustative – sono distribuiti in maniera uniforme su tutta la superficie della lingua, e ogni regione è in grado di percepire tutti i gusti fondamentali (dolce, salato, acido, amaro e umami). La percezione del gusto non è limitata alla lingua, ma si estende anche ad altre aree della bocca e della gola, che contribuiscono alla complessità dell'esperienza gustativa.

L'origine del mito della mappa del gusto risale a una cattiva interpretazione di uno studio del 1901 intitolato **"Zur Psychophysik des Geschmackssinnes"** (Sulla psicofisica del gusto) scritto dal ricercatore tedesco David P. Hänig. Nella sua ricerca, Hänig aveva osservato lievi differenze nella soglia di percezione del gusto in varie parti della lingua, ma non aveva mai affermato che le diverse regioni fossero esclusivamente responsabili di un gusto specifico. Il fraintendimento è emerso nel 1942, quando lo psicologo americano **Edwin Boring** tradusse lo studio in inglese. Nella sua versione, veniva interpretato erroneamente che solo determinate parti della lingua percepissero gusti specifici. Questa errata traduzione ha dato origine alla famosa "mappa del gusto", che è stata ulteriormente diffusa da testi successivi.

Altri errori comuni nel gusto

Un'altra confusione frequente riguarda la percezione di alcune sensazioni come gusti, quando in realtà sono reazioni a stimoli fisici. Ad esempio:

- **Il bruciore del peperoncino** non è un gusto, ma una sensazione provocata dalla **capsaicina**, che attiva i recettori del dolore.

- **La freschezza della menta** è causata dalla menta, che stimola i recettori del freddo. Queste sensazioni appartengono al campo delle sensazioni tattili o del flavour, che include anche odori e temperature.

I termini **gusto** e **sapore** vengono spesso confusi o usati in modo intercambiabile, ma indicano fenomeni distinti. Il gusto si riferisce esclusivamente alla percezione dei cinque gusti fondamentali (dolce, salato, amaro, acido e umami), che vengono rilevati dai recettori gustativi presenti sulla lingua. Il sapore, invece, è il risultato di un'interazione più complessa che coinvolge non solo il gusto, ma anche l'olfatto e la chemestesi, ovvero la percezione di stimoli chimici che causano sensazioni fisiche, come il bruciore del peperoncino o la freschezza della menta.

Ruolo dell'olfatto nel sapore

L'olfatto gioca un ruolo fondamentale nella percezione del sapore, poiché ha una connessione diretta con il cervello. Quando mastichiamo il cibo, le molecole aromatiche vengono rilasciate e risalgono attraverso la cavità nasale, in un processo chiamato percezione retronasale. Questo processo attiva migliaia di recettori olfattivi che inviano informazioni al cervello, permettendogli di elaborare una percezione più complessa, che chiamiamo sapore.

Un esempio chiaro di questa differenza si verifica quando ci tappiamo il naso. In questo caso, si riduce drasticamente il contributo dell'olfatto alla percezione del sapore, lasciando solo il gusto di base. È un fenomeno che molte persone sperimentano quando sono raffreddate, poiché l'infiammazione delle vie nasali riduce la percezione retronasale, facendo sì che il cibo sembri privo di sapore, anche se il gusto rimane.

Pertanto, il sapore è una combinazione multisensoriale che comprende il gusto, l'olfatto e le sensazioni fisiche derivanti dalla chemestesi. Senza l'olfatto, l'esperienza complessiva del cibo sarebbe notevolmente ridotta, dimostrando come questi sensi lavorino insieme per creare l'esperienza del sapore.

L'esperienza gustativa è quindi multisensoriale, come ricorda Charles Spence, anche mordere un'albicocca fresca si rivela una esperienza multisensoriale, in quanto il cervello mette assieme il profumo, il sapore, la consistenza, il colore, il suono dei denti che affondano nella polpa succosa, per non parlare della sensazione pelosa della buccia sulla mano e all'interno della bocca[4].

Aspettative che influenzano il gusto (psico-gusto)

Il gusto può essere influenzato da molti aspetti in particolare dalle aspettative scaturite ad esempio

- dal **prezzo** ("se costa deve essere buono"),
- dall'**etichetta** (se gradevole favorisce il giudizio positivo),
- dal **marchio** (si ritiene, non sempre a buon ragione, che marchi noti e famosi, siano garanzia di qualità),
- dal **colore**: si presume che alcuni colori facciano pensare a determinati gusti, il verde alla mente, il rosa alla frutta, ecc.
- la **descrizione**: descrivere, in modo positivo o negativo un cibo, creerà delle aspettative positive e negative che influenzeranno a capacità di giudizio finale.
- **ricordi**: anche i ricordi legati al cibo che stiamo assaggiano influenzerà il giudizio sul gusto
- **atmosfera**: se gradevole e in armonia con ciò che stiamo mangiando, rafforzerà, in senso positivo l'esperienza enogastronomica.

---

[4] Charles Spence – Gastrofisica. La nuova scienza del mangiare pag. 18

Il gusto e l'olfatto lavorano insieme per creare l'esperienza complessiva di un sapore, poiché il sapore che percepiamo quando mangiamo o beviamo è in realtà una combinazione di entrambi questi sensi. La nostra capacità di distinguere i sapori è notevolmente influenzata dagli aromi che percepiamo attraverso il naso, rendendo i due sensi fortemente interdipendenti.

Modalità di percezione degli odori

- **Percezione ortonasale**: Questo è il metodo attraverso cui percepiamo gli odori che provengono dall'ambiente esterno e che entrano direttamente nelle narici. È il tipo di percezione che si attiva quando annusiamo un fiore, un piatto appena preparato o una bevanda. La percezione ortonasale è il primo contatto con gli odori esterni e ci aiuta a formare una prima impressione su ciò che stiamo per mangiare o bere, preparando i nostri sensi per l'esperienza gustativa.

- **Percezione retronasale**: Questo tipo di percezione si attiva durante il processo di masticazione o bevuta. Quando mastichiamo il cibo o sorseggiamo una bevanda, le molecole volatili degli aromi si liberano e risalgono attraverso la parte posteriore della gola fino alla cavità nasale. Anche se la percezione retronasale avviene dal retro della bocca, è comunque legata alla cavità nasale e contribuisce alla ricchezza del sapore che sperimentiamo.

Gli aromi atmosferici vengono spesso utilizzati per creare un ambiente specifico durante un'esperienza culinaria. Questi profumi, diffusi nell'ambiente, possono essere utilizzati per evocare un clima particolare o per immergere i commensali in un contesto multisensoriale che amplifica l'esperienza enogastronomica. Ad esempio, in una cena a tema marinaresco, potrebbero essere diffusi nell'aria profumi che evocano l'oceano o la brezza marina.

Tuttavia, è importante fare attenzione all'uso di questi aromi di sottofondo, poiché se troppo intensi o mal calibrati, potrebbero entrare in conflitto con i profumi dei cibi (definiti come "aromi in primo piano"), rischiando di compromettere la percezione corretta dei sapori dei piatti. La chiave è trovare un equilibrio armonico tra l'aroma ambientale e gli odori del cibo.

Profumi e memorie olfattive

I profumi giocano un ruolo fondamentale nel richiamare ricordi e suscitare emozioni, spesso in modo inconscio. L'olfatto è direttamente collegato al sistema limbico, l'area del cervello associata alle emozioni e alla memoria. Per questo motivo, certi aromi possono evocare ricordi di luoghi, persone o esperienze passate, creando un legame emotivo con il cibo che si sta consumando. Ad esempio, l'odore della cannella può riportare alla mente ricordi d'infanzia legati a festività o momenti familiari, mentre il profumo di agrumi può evocare freschezza e energia.

Questa capacità di stimolare ricordi e associazioni positive è sfruttata in molte esperienze gastronomiche, dove i profumi vengono usati per arricchire l'esperienza sensoriale complessiva e rafforzare il legame emotivo con il pasto.

L'impatto visivo di un piatto ha un'influenza significativa sulla percezione del gusto, poiché il nostro cervello elabora le informazioni visive prima di qualsiasi altra percezione sensoriale. Spesso si dice che "mangiamo con gli occhi", e questo riflette la verità: l'aspetto di un alimento può condizionare fortemente l'idea che abbiamo del suo sapore, della sua freschezza e della sua qualità.

L'influenza dei colori nella percezione del gusto

Il colore di un alimento trasmette informazioni importanti non solo sulla sua commestibilità, ma anche sulla sua intensità di sapore e identità. Per esempio, i colori brillanti come il rosso, il giallo e l'arancione sono spesso associati a sapori dolci e fruttati, mentre i colori più scuri o terrosi come il marrone o il verde possono evocare un senso di rusticità o un gusto più amaro e intenso.

I colori non solo comunicano informazioni sul cibo, ma condizionano anche l'aspettativa del gusto.

Da una ricerca condotta da Supreet Saluja, Richard J Stevenson nel 2018 "Cross-Modal Associations Between Real Tastes and Colors" emerge che ci sarebbe una certa tendenza a far sì che:

- Il dolce è rappresentato da rosa e rosso;
- L'acido da giallo e verde;
- Il salato da bianco e blu;
- L'amaro da nero e viola.

Quando si inverte il processo di associazione tra colore e sapore, ovvero partendo dal colore per collegarlo a un sapore specifico, i risultati possono variare e non essere sempre uniformi. Questa discrepanza è dovuta al fatto che le associazioni tra colore e sapore possono dipendere da diversi fattori, inclusi il contesto culturale, le esperienze personali e le emozioni.

Associazioni tipiche tra colore e sapore:

- **Rosso**: spesso associato al **piccante**, probabilmente perché molti alimenti piccanti, come peperoncini e spezie, hanno questo colore.

- **Verde**: richiama il sapore **aspro o acerbo**, come negli agrumi acerbi o nei frutti non maturi.

- **Giallo**: è collegato al sapore **acido**, come nel caso del limone o del lime.

- **Blu**: evoca un sapore **artificiale**, poiché nella natura questo colore è raro, ed è spesso utilizzato per aromi artificiali o per cibi confezionati.

- **Arancione**: viene associato al sapore **speziato**, come con la zucca o la cannella.

- **Rosa**: ricorda sapori **dolci**, poiché spesso utilizzato per caramelle o dessert.

- **Viola**: si collega a un sapore **amabile**, come uva o frutti di bosco.

- **Marrone**: associato al sapore **bruciato** o **affumicato**, richiamando il caffè tostato o il cioccolato fondente.

- **Nero**: evoca un sapore **amaro**, come nell'uso della liquirizia o del carbone.

- **Bianco**: può essere percepito come **insapore** o **dolce**, come nel caso dello zucchero o della panna.

Influenza della cultura e delle emozioni

Tuttavia, queste associazioni non sono universali e possono variare significativamente tra culture diverse. Ad esempio, il colore rosso può evocare dolcezza in alcuni contesti (come nelle fragole) o piccantezza in altri. Allo stesso modo, i colori possono avere significati diversi a seconda delle esperienze emotive personali, creando una serie di interpretazioni soggettive del gusto.

Utilizzo nel marketing e nel packaging

Queste associazioni sono ampiamente utilizzate nel marketing esperienziale e nella progettazione del packaging. I colori vengono scelti intenzionalmente per evocare determinate sensazioni e aspettative di gusto. Ad esempio, un imballaggio rosa per un prodotto può suggerire dolcezza, mentre un imballaggio arancione può richiamare un sapore speziato.

Anche le forme degli alimenti influenzano la percezione del gusto. Forme arrotondate possono evocare dolcezza o morbidezza, mentre forme angolari possono suggerire croccantezza o intensità di sapore. Questo concetto è ampiamente utilizzato nel food design, una disciplina che si concentra sull'estetica e sulla presentazione del cibo, al fine di creare un'esperienza sensoriale completa.

Anche l'udito gioca un ruolo nell'esperienza enogastronomica, influenzando non solo l'umore e lo stato d'animo del commensale, ma anche la percezione stessa del sapore dei cibi. I suoni che ci circondano mentre mangiamo possono modificare significativamente il modo in cui percepiamo il gusto, a volte amplificando o alterando sensazioni specifiche.

Influenza dei suoni sul gusto

Oltre a influenzare l'atmosfera e il benessere psicologico, i suoni possono direttamente alterare la percezione del gusto. Ad esempio, Charles Spence attraverso le sue ricerche, ha scoperto che alcuni suoni possono influenzare le papille gustative delle persone e che la musica può far sembrare il cibo il 10% più dolce o salato. Questo fenomeno è stato testato in numerose situazioni: il rumore del mare, ad esempio, tende a esaltare il sapore salmastro delle ostriche, mentre suoni associati all'estate, come il canto degli uccelli o il fruscio delle foglie, possono accentuare la freschezza di frutti come le fragole.

E' opportuno tenere presente che durante il pasto, stimoli uditivi esterni intensi e/o prolungati possono diminuire la sensibilità ai sapori. Il Rumore non colpisce solo l'udito ma anche il "gusto.

Ad esempio, la musica e l'intero ambiente spesso incidono sugli stessi comportamenti degli ospiti.

- **Musica di sottofondo eccessiva**: un volume troppo alto può disturbare l'esperienza complessiva, rendendo difficile la conversazione e influendo negativamente sulla percezione del gusto.
- **Musica ritmata e ad alto volume**: è spesso utilizzata per incoraggiare i clienti a mangiare o bere più velocemente. Questo tipo di musica è comunemente usata in bar o ristoranti affollati per aumentare il ricambio dei tavoli.

- **Musica classica**: crea un ambiente rilassante e raffinato. Studi hanno dimostrato che la musica classica tende a far rimanere i clienti più a lungo e li predispone a spendere di più per il cibo e il servizio.

Adattare i suoni al contesto

La musica deve essere adattata all'ambiente in cui viene servito il cibo. Musica classica in un fast food o in una birreria bavarese sarebbe fuori luogo, così come una musica troppo ritmata in un ristorante gourmet potrebbe compromettere l'atmosfera. Ogni contesto richiede un tipo di musica adeguato che arricchisca l'esperienza senza sovrapporsi alla percezione del cibo.

I suoni della preparazione

I suoni possono costituire:

- **stimoli positivi**: creano aspettative e migliorano la percezione dei sapori. Ad esempio, il rumore del macinino del caffè (se non troppo forte e con frequenza non eccessivamente alte) è uno stimolo positivo;
- **stimoli negativi**: sentire il suono del microonde che segnala la fine del riscaldamento, in un ristorante di lusso, potrebbe essere visto come suono non positivo da moltissimi commensali.

Anche i suoni intrinseci degli alimenti che avvengono durante la masticazione possono essere uno stimolo positivo, ad esempio il croccante delle patatine. Addirittura, in alcuni, casi come appunto quello delle patatine si creano i sacchetti che li contengono in modo da avere un certo rumore che ricorda il concetto della croccantezza.

I suoni della preparazione in cucina, se ben selezionati, possono stimolare e creare aspettative che favoriscono i giudizi relativi ad una esperienza enogastronomica. Alcuni chef offrono esperienze arricchite dai suoni della preparazione.

Food Ensemble - Cucina Elettronica

I **Food Ensemble** sono tre giovani artisti che cucinano dal vivo e trasformano i rumori della preparazione, in brani che accompagnano la degustazione. I piatti vengono realizzati davanti agli occhi dello spettatore proprio come in uno show cooking, i rumori della preparazione si trasformano e diventano musica, dal vivo come in un concerto live. L'esperienza è costituita da una degustazione di quattro portate unito ad un concerto di quattro composizioni. L'Ensemble è composto da **Francesco Sarcone**, musicista e premiato sound designer, manipolatore di suoni per comporre musica espressa, **Andrea Reverberi**, chef formato nelle cucine tradizionali, amante della commistione di sapori ed esperienze e **Marco Chiussi** fonico, sous-chef e Sommelier.

Food Ensemble - Cucina Elettronica

https://youtu.be/CewcbMXMr18

Il tatto è un senso sempre più utilizzato nella percezione gustativa, poiché contribuisce a costruire un'esperienza sensoriale completa durante l'atto di mangiare. Sebbene sia spesso trascurato rispetto agli altri sensi come il gusto o l'olfatto, il tatto può svolgere un ruolo nel modo in cui valutiamo e apprezziamo il cibo, influenzando sia la **percezione tattile interna** (all'interno della bocca) che quella **esterna** (attraverso il contatto diretto con il cibo con le mani).

Stimolazione tattile nella bocca

La stimolazione tattile intraorale si riferisce alla percezione delle diverse consistenze e caratteristiche fisiche degli alimenti quando vengono masticati o trattenuti in bocca. Le sensazioni che proviamo derivano dalle proprietà fisiche del cibo, come la croccantezza, la morbidezza, la granulosità o la cremosità, che contribuiscono alla definizione del sapore e della qualità del cibo stesso.

- **Croccantezza e fragranza**: Alimenti come patatine o pane tostato generano una sensazione piacevole grazie alla loro consistenza croccante. La resistenza e lo schiocco quando vengono morsi offrono una gratificazione tattile che si aggiunge al piacere del sapore.

- **Morbidezza e cremosità**: Al contrario, cibi come formaggi morbidi, creme o purè offrono una sensazione di morbidezza che trasmette comfort e appagamento. Questo tipo di tatto è spesso associato a una sensazione di piacere rilassante, che amplifica l'esperienza gustativa.

Il tatto esterno: toccare il cibo con le mani

L'**esperienza tattile esterna**, ovvero la percezione che si prova toccando direttamente il cibo con le mani, ha un impatto altrettanto importante sulla nostra esperienza alimentare. Alcune culture, come quelle asiatiche e africane, promuovono l'uso delle mani durante i pasti, credendo che il contatto diretto con il cibo crei un legame più profondo tra l'individuo e il pasto.

- **Coinvolgimento sensoriale**: Toccare il cibo con le mani permette di entrare in contatto con la sua temperatura, consistenza e struttura prima ancora di portarlo alla bocca. Questa esperienza aumenta il coinvolgimento sensoriale, creando aspettative sul gusto e la consistenza. Ad esempio, toccare un frutto fresco e succoso prima di morderlo amplifica l'anticipazione del piacere gustativo.

- **Connettività culturale e tradizionale**: Mangiare con le mani può anche creare un legame più forte con la tradizione culturale del pasto, poiché questo atto spesso porta a una maggiore consapevolezza e apprezzamento del cibo e della sua preparazione.

Ecco alcuni esempi di ristoranti in cui alcune portate vengono mangiate usando le mani:

Mugaritz di San Sebastian

La prima parte delle 25 portate del menu si mangia usando direttamente le mani, i commensali ad un certo punto vengono invitati a visitare la cucina per osservare il dietro le quinte e scambiare due parole con lo chef.

Video di approfondimento:

https://youtu.be/U5PdNqkcv00?si=jUCD2b6wXyDQ8e59

Awash Ethiopian Restaurant (Miami, USA)

Qui, gli ospiti utilizzano **injera**, una sorta di pane spugnoso, per raccogliere i cibi serviti. In questo ristorante etiope, si mangia tradizionalmente con le mani, immergendo il pane nei vari piatti, come carne di manzo, pollo, agnello e una vasta gamma di contorni vegetariani come lenticchie e verdure a foglia verde. L'esperienza culinaria è arricchita dalla convivialità e dalla sensazione tattile del cibo.

Link al sito web: https://awashmiami.com/

CJ's Crab Shack (Miami Beach, USA)

Specializzato in piatti di pesce, CJ's Crab Shack invita i commensali a usare le mani per gustare le specialità come granchi, gamberi e ostriche. Mangiare con le mani fa parte del rituale del ristorante, accompagnato da salviette per pulirsi le dita e creare un'atmosfera informale.

Link al sito web: https://cjscrabshack.com/

Lobster Shack (Miami Beach, USA)

Questo ristorante serve piatti di pesce, in particolare i **lobster rolls** e i tacos ripieni di gamberi e tonno, che si mangiano rigorosamente con le mani. L'atmosfera è casual, e il cibo è progettato per essere condiviso e gustato con semplicità.

Link al sito web: https://lobstershackmiami.com/

L'atmosfera generale in cui si svolge una Dinner Experience è un elemento chiave per definire la qualità dell'esperienza offerta. Questo concetto non riguarda solo l'aspetto visivo dell'ambiente, ma coinvolge un insieme di fattori sensoriali che vanno oltre il cibo stesso e che interagiscono tra loro per creare un'esperienza completa e coinvolgente.

L'atmosfera e l'estetica dell'ambiente

La **componente estetica** di un ambiente gioca un ruolo fondamentale nell'influenzare l'umore e la percezione dei commensali. Elementi come:

- **Le forme degli oggetti**: i piatti, i bicchieri, e perfino le posate contribuiscono a determinare l'esperienza sensoriale. Le forme sinuose o angolari, eleganti o rustiche, trasmettono diversi messaggi sul tipo di esperienza offerta.

- **I colori**: le tonalità scelte per la sala, gli arredi e gli oggetti possono influire sull'appetito e sullo stato d'animo. Colori caldi, come il rosso e l'arancione creano un ambiente accogliente, mentre i colori freddi, come il blu, potrebbero risultare, in alcuni casi, meno attraenti.

- **L'illuminazione**: una luce soffusa e calda favorisce un'atmosfera intima e rilassata, mentre luci più brillanti possono rendere l'ambiente più dinamico e informale.

- **La disposizione degli spazi e dei tavoli**: un ambiente spazioso con tavoli ben distanziati offre una sensazione di privacy e comfort, mentre spazi più ristretti possono dare una percezione di intimità o, in alcuni casi, risultare opprimenti.

Influenza dei suoni e degli odori

Anche i suoni e gli odori giocano un ruolo essenziale nel creare un'atmosfera adeguata. La musica di sottofondo, per esempio, deve essere scelta con attenzione per riflettere il tema dell'esperienza gastronomica: musica classica può enfatizzare un ambiente elegante e raffinato, mentre musica più ritmata può accompagnare un'esperienza dinamica e moderna. Il volume della musica è altrettanto importante, poiché suoni troppo forti possono disturbare la conversazione e ridurre la percezione dei sapori.

Gli odori di sottofondo presenti nell'ambiente, come profumi naturali o diffusi appositamente, possono contribuire a creare un'esperienza multisensoriale. Tuttavia, è essenziale che questi odori non entrino in competizione con gli aromi dei piatti serviti, poiché potrebbero interferire con la percezione dei sapori.

L'importanza delle forme e del comfort

Gli arredi e gli elementi tangibili presenti in una Dinner Experience contribuiscono non solo all'estetica, ma anche al comfort. Sedie e divani confortevoli aumentano il tempo che i commensali scelgono di trascorrere nel locale, favorendo un'atmosfera rilassata. Al contrario, sedie scomode o poco accoglienti tendono a ridurre i tempi di permanenza, spingendo i clienti ad andarsene prima. Il comfort fisico è quindi un elemento cruciale per determinare quanto a lungo gli ospiti desiderano rimanere a godersi l'esperienza.

Atmosfera legata al contesto e agli eventi

L'atmosfera può anche essere fortemente influenzata dal contesto geografico e culturale in cui si trova il locale. Un ristorante inserito in un contesto storico, paesaggistico o culturale può sfruttare l'ambiente circostante per arricchire l'esperienza complessiva, integrando elementi legati alla tradizione locale o all'ambiente naturale. Per esempio, una cena in un castello medievale può sfruttare arredi antichi, architettura e musica d'epoca per creare un'atmosfera immersiva.

Inoltre, l'atmosfera può essere creata o migliorata attraverso eventi aggiuntivi come spettacoli di intrattenimento, mostre d'arte o esibizioni musicali dal vivo. Questi elementi contribuiscono a creare un'esperienza multisensoriale più ricca, rendendo la cena un momento di intrattenimento e cultura, oltre che di piacere gastronomico.

L'importanza della coerenza dell'atmosfera

È fondamentale che tutti gli elementi dell'atmosfera siano coerenti tra loro e con il tipo di esperienza offerta. Una disarmonia tra ambiente, cibo, suoni e odori può compromettere l'esperienza complessiva. Per esempio, un ristorante che serve piatti gourmet in un ambiente rustico potrebbe creare una disconnessione tra ciò che si vede e ciò che si gusta, influenzando negativamente l'esperienza. Al contrario, un ambiente coerente con il tipo di cucina proposta rafforza il coinvolgimento dei commensali, amplificando l'esperienza sensoriale.

L'atmosfera incide in qualche modo anche sulle scelte. Un gruppo di ricercatori fece un esperimento in un supermercato inglese, e scoprì che, quando riproduceva musica francese con fisarmonica i clienti compravano più bottiglie di vino francese (77% rispetto alle altre bottiglie) la percentuale si riduceva al 23% se si riproduceva musica da birreria tedesca. Allo stesso modo le bottiglie di vino tedesco erano il 73% se si riproduceva la musica da birreria tedesca che si riduceva al 27% se la musica diffusa era la musica francese con la fisarmonica[5].

---

[5] Charles Spence – Gastrofisica. La nuova scienza del mangiare

Gidleigh Park Hotel

"Il Gidleigh Park Hotel è un lussuoso hotel e ristorante situato a Gidleigh, nelle vicinanze di Chagford, nel Devon, Inghilterra. Questo incantevole hotel è posizionato sulle sponde del fiume Teign e gode di una posizione eccezionale proprio ai margini del Dartmoor National Park. Questo contesto contribuisce a creare un'atmosfera di tranquillità e romanticismo all'interno di una casa di campagna in stile Tudor, splendidamente arredata dalla famiglia Brownsword.

https://www.itinerariesperienziali.it/directory-offerte/listing/gidleigh-park-hotel/

Dining in the Dark (varie località)

Dining in the Dark offre un'esperienza che elimina la vista, costringendo i commensali a concentrarsi completamente sugli altri sensi. Immersi nell'oscurità totale, i partecipanti devono affidarsi al tatto, all'olfatto e al gusto per esplorare il cibo, rendendo l'atmosfera intima e misteriosa. Questa esperienza mira a esaltare la percezione dei sapori e delle consistenze, enfatizzando quanto l'ambiente influisca sull'esperienza gustativa.

Video di approfondimento:

https://youtu.be/brTVoslt-hA?si=0_IfxP1ATlQtdEPQ

1.5 Il Marchio di Qualità Esperienziale

Il panorama enogastronomico e delle esperienze culinarie è in costante trasformazione, con una crescente richiesta di esperienze che vadano oltre il semplice atto del mangiare.

Le tradizionali cene stanno cedendo il passo a esperienze immersive, multisensoriali e coinvolgenti, che trasportano i partecipanti in un mondo di sapori, emozioni e stimoli culturali. In questo contesto, la **Dinner Experience** si distingue come una delle forme più potenti di turismo esperienziale, offrendo non solo la degustazione di cibi, ma anche un profondo coinvolgimento emotivo e culturale.

Tuttavia, con la crescita della domanda di esperienze culinarie uniche, diventa sempre più importante distinguere tra autentiche Dinner Experience che rispettano i principi esperienziali e quelle che semplicemente utilizzano il concetto di "esperienza" come etichetta di marketing. Questa distinzione è importante non solo per i partecipanti, che devono essere in grado di identificare eventi di alta qualità, ma anche per i ristoratori e organizzatori di eventi che desiderano offrire esperienze memorabili e di impatto.

Nelle **Dinner Experience autentiche**, i commensali non sono semplici clienti, ma veri e propri **ospiti** in cerca di esperienze che lascino un segno duraturo. Non cercano solo il piacere del cibo, ma desiderano vivere emozioni indimenticabili, che trasformino la cena in un momento di crescita personale e riflessione. La cena diventa un viaggio immersivo, dove ogni dettaglio — dal cibo all'ambiente, dai suoni agli odori — contribuisce a creare un'esperienza multisensoriale completa.

In questo contesto, un **Marchio di Qualità Esperienziale** per le Dinner Experience assume un'importanza fondamentale. Questo marchio attesta che l'esperienza offerta rispetta precisi requisiti di qualità e coinvolgimento, garantendo che ogni elemento dell'esperienza sia curato nei minimi dettagli. Il Marchio di Qualità Esperienziale rappresenta una sicurezza per i partecipanti, assicurando che l'esperienza non si limiti alla semplice degustazione, ma includa un viaggio sensoriale completo, che rispetta i principi chiave della multisensorialità, della partecipazione attiva e dell'immersione culturale.

Il valore aggiunto di questo marchio è evidente in un mercato sempre più competitivo. Permette agli organizzatori di Dinner Experience di differenziarsi, conferendo credibilità e prestigio alle loro offerte. Per i commensali, è una garanzia che l'esperienza sarà all'altezza delle aspettative e, in molti casi, le supererà, creando ricordi duraturi e un impatto emotivo profondo.

Infine, il Marchio di Qualità Esperienziale non è solo un riconoscimento formale, ma un impegno verso l'eccellenza. Garantisce che ogni Dinner Experience sia stata progettata con cura e attenzione, integrando sapori, estetica, sensazioni tattili e uditive, per offrire un'esperienza unica e trasformativa.

In conclusione, il Marchio di Qualità Esperienziale nella Dinner Experience non rappresenta solo un attestato di eccellenza, ma un vero e proprio simbolo di fiducia. Questo marchio garantisce che ogni evento sia stato progettato e realizzato per offrire un'esperienza unica e indimenticabile, rispettando rigorosamente i principi fondamentali che rendono la cena non solo un momento di nutrimento, ma anche un viaggio sensoriale e culturale completo. Attraverso l'attenzione ai dettagli e l'integrazione di elementi multisensoriali, il marchio assicura che l'esperienza culinaria sia coinvolgente, trasformativa e capace di lasciare un ricordo duraturo nei partecipanti.

Per informazioni di dettaglio sul Marchio di Qualità Esperienziale rimando all'area web dedicata: https://www.itinerariesperienziali.it/il-marchio-di-qualita-esperienziale-mqe/

1.6 Sapienza dei Sapori: Un Viaggio nel Tempo

Per descrivere l'applicazione dei singoli principi esperienziali, ho individuato circa 120 esempi reali di Dinner Experience. Ho ritenuto opportuno concepire, come caso di studio, un format di esperienze chiamato **'Sapienza dei Sapori: Un Viaggio nel Tempo"**, pensato per essere accessibile a tutti, senza la necessità di tecnologie avanzate o strumentazioni costose. Ecco la presentazione del format.

Sapienza dei Sapori: Un Viaggio nel Tempo

Una serie di Dinner Experiences in cui la conoscenza antica si svela attraverso il cibo: un viaggio affascinante alla scoperta di segreti, tradizioni e storie che hanno attraversato i secoli e si celano dietro ogni piatto.

Immagina un'esperienza culinaria che ti trasporta indietro nel tempo, in cui ogni boccone racconta una storia e ogni piatto svela antichi segreti, tradizioni dimenticate e leggende affascinanti. Questo è il cuore di *"Sapienza dei Sapori: Un Viaggio nel Tempo"*, un format di Dinner Experience che non si limita a offrire un pasto, ma ti invita a intraprendere un autentico viaggio storico attraverso i sapori del passato.

Sapienza dei Sapori: Un Viaggio nel Tempo propone un'esperienza unica in cui il cibo diventa il filo conduttore di una narrazione che attraversa secoli di cultura e tradizione enogastronomica. Ogni cena è un evento esclusivo e irripetibile, dove i piatti tradizionali vengono presentati applicando, laddove possibile, tutti i dieci principi esperienziali:

1. Multisensorialità

2. Approccio Culturale

3. Unicità

4. Approccio Relazionale

5. Partecipazione Diretta

6. Apprendimento Esperienziale

7. Approccio Tematico

8. Approccio Estetico

9. Intrattenimento

10. Immersione

Sapienza dei Sapori: Un Viaggio nel Tempo è molto più di una cena. È un evento culturale, sensoriale e partecipativo che unisce la passione per il cibo alla scoperta delle tradizioni. Attraverso il cibo, le storie e la narrazione multisensoriale, ogni ospite è trasportato in un'epoca passata, dove può esplorare le radici della nostra cultura enogastronomica e vivere un'esperienza unica e memorabile.

"Sapienza dei Sapori: Un Viaggio nel Tempo" è un format di Dinner Experience concepito per essere accessibile a tutti, senza la necessità di tecnologie avanzate o strumentazioni costose. Questo viaggio sensoriale si basa principalmente su elementi culturali, intellettuali ed emotivi, che permettono di esplorare la storia attraverso il cibo in modo autentico e coinvolgente. L'esperienza mira a coinvolgere gli ospiti attraverso i dieci principi esperienziali, con particolare enfasi sulla narrazione, la condivisione delle tradizioni culinarie e l'uso sapiente di stimoli multisensoriali. Non è la tecnologia a rendere l'evento speciale, ma la capacità di creare una connessione profonda tra gli ospiti e le antiche storie e sapori che ogni piatto racconta.

I Pilastri dell'Esperienza: I 10 Principi Esperienziali

Per rendere ogni evento un'esperienza unica e indimenticabile, il format **"Sapienza dei Sapori: Un Viaggio nel Tempo"** si fonderà su dieci principi esperienziali, ciascuno progettato per creare un viaggio multisensoriale:

1. **Multisensorialità**: Ogni dettaglio dovrà essere curato per stimolare tutti i sensi. La musica, i profumi, le luci e persino i materiali utilizzati nella location saranno scelti per riflettere l'epoca e il contesto storico dei piatti serviti.

2. **Approccio Culturale**: L'esperienza non si limiterà alla degustazione del cibo, ma permetterà di scoprire il suo significato culturale e storico. Ogni piatto sarà accompagnato da una narrazione che ne svelerà le origini, le storie, i segreti e le eventuali leggende correlate.

3. **Unicità**: Ogni cena dovrà essere un evento irripetibile, utilizzando ricette storiche autentiche e ingredienti tipici, per offrire un'esperienza esclusiva non replicabile altrove.

4. **Approccio Relazionale**: Si prevede di invitare gli ospiti a connettersi tra loro e con chi realizza i piatti, i narratori storici e gli esperti gastronomici, creando un legame che andrà oltre il semplice consumo del cibo.

5. **Partecipazione Diretta**: Gli ospiti non saranno spettatori passivi, ma verranno coinvolti in attività pratiche, come la preparazione di alcuni elementi dei piatti o l'interazione con l'ambiente circostante, diventando co-creatori dell'esperienza.

6. **Apprendimento Esperienziale**: Ogni cena rappresenterà un'opportunità per apprendere qualcosa di nuovo. Gli ospiti scopriranno antiche tecniche culinarie, usanze dimenticate, tradizioni, miti e leggende grazie al racconto di esperti.

7. **Approccio Tematico**: Ogni cena sarà caratterizzata da un tema centrale, che guiderà l'intera esperienza. Il tema collegherà i piatti, le narrazioni e l'ambientazione in un percorso coerente e coinvolgente.

8. **Approccio Estetico**: La bellezza sarà un elemento fondamentale dell'esperienza. Ogni dettaglio visivo, dalla presentazione dei piatti all'arredamento, dovrà essere curato per creare un'atmosfera armoniosa e affascinante.

9. **Intrattenimento**: Durante la cena, gli ospiti potranno assistere a spettacoli artistici, come musica d'epoca o performance teatrali, che arricchiranno l'esperienza e trasformeranno il pasto in un evento culturale completo.

10. **Immersione**: La combinazione di tutti questi elementi creerà una totale immersione, in cui gli ospiti saranno trasportati in un'altra epoca e vivranno un'esperienza che coinvolgerà i sensi, le emozioni e l'intelletto.

Sapienza dei Sapori: Un Viaggio nel Tempo potrà essere declinato in vari tipi di Dinner Experience, le più adatte sono le seguenti:

- **Location Dinner**: Organizzata in luoghi di rilevanza storica o culturale, come castelli, musei o antiche ville, per amplificare l'immersione nell'esperienza.

- **Narrative Dinner**: Ogni cena seguirà un filo narrativo preciso, legato a un'epoca storica, a una o più tradizioni, storie, miti o leggende, rendendo ogni portata una tappa di un viaggio nel tempo.

Ricotta, Pani Cunzatu e Antiche Storie Siciliane.

Ho ritenuto opportuno individuare una prima esperienza enogastronomica che rientra nel format "Sapienza dei Sapori: Un Viaggio nel Tempo" che ho chiamato "Ricotta, Pani Cunzatu e Antiche Storie Siciliane."

Il menù, alla base della esperienza enogastronomica è costituito da:

- Ricotta Calda
- Pani Cunzatu (Pane Condito)
- Salsiccia di Maiale
- Caponata
- Olive Condite
- Focacce (Scacce)
- Caciocavallo

Tutti questi prodotti sono caratterizzati dal fatto di essere inseriti nell'elenco PAT (controlla) e sono collegati a diversi miti, leggende, storie e tradizioni siciliane. Ritornerò su questi aspetti, nei diversi punti legati ai singoli principi esperienziali durante il prosieguo di questo libro, in quanto "Ricotta, Pani Cunzatu e Antiche Storie Siciliane" sarà il caso di studio principale preso a riferimento per l'applicazione dei dieci principi esperienziali.

Il menù potrà variare in base alla località in cui si svolgerà l'esperienza, così come i miti, le leggende, le storie e le tradizioni potranno differenziarsi, per rispecchiare principalmente le peculiarità locali. Nel caso di studio presentato, la località presa come riferimento è quella del ragusano.

E' possibile visionare le informazioni aggiornate e i diversi casi di studio sviluppati nella pagina dedicata al format "Sapienza dei Sapori: Un Viaggio nel Tempo":

https://www.itinerariesperienziali.it/sapienza-dei-sapori/

2. Principi Esperienziali e Dinner Experience

Approfondiamo i dieci principi del Percorso Esperienziale chiarendoli con esempi operativi e casi di studio reali.

2.1. Multisensorialità

Principio 1: Multisensorialità

*Multisensorialità: **Il percorso esperienziale deve prevedere un coinvolgimento multisensoriale (vista, udito, tatto, olfatto e gusto).** Non si tratta solo di gustare il cibo, ma di creare un ambiente in cui i partecipanti possano vivere il pasto attraverso una gamma completa di stimoli sensoriali: la vista nella presentazione dei piatti, il suono dell'ambiente, l'aroma degli ingredienti, il tatto dei materiali utilizzati, e naturalmente il gusto.*

Gli eventi enogastronomici di per se sono eventi multisensoriali, si tratta spesso di aggiungere elementi che arricchiscono l'esperienza: luci, suoni, ambienti immersivi ed altri stimoli sensoriali.

Il principio della multisensorialità applicato alla Dinner Experience è fondamentale per creare un'esperienza immersiva e coinvolgente che va oltre il semplice piacere del cibo. Questo principio riconosce che l'esperienza culinaria è tanto più ricca e memorabile quanto più coinvolge tutti e cinque i sensi: vista, udito, tatto, olfatto e gusto. Non si tratta semplicemente di mangiare, ma di creare un ambiente che stimoli una gamma completa di sensazioni, in modo che i partecipanti possano vivere il pasto in maniera più profonda e significativa.

- **Vista:** Il primo impatto sensoriale in una Dinner Experience è quello visivo. La **presentazione dei piatti** gioca un ruolo chiave: colori vivaci, forme insolite e decorazioni creative non solo rendono i piatti più attraenti, ma evocano anche emozioni e stimolano l'appetito. L'estetica del cibo, infatti, può influenzare la percezione del sapore stesso. Anche l'ambiente visivo del ristorante, come il design della location, l'illuminazione e gli arredi, contribuisce a creare un'atmosfera che arricchisce l'esperienza sensoriale. L'illuminazione, ad esempio, può variare in base al tema della serata, utilizzando luci soffuse per creare intimità o colori vivaci per dare energia all'ambiente.

- **Udito:** I suoni dell'ambiente influenzano l'umore e il modo in cui i partecipanti percepiscono il pasto. La musica di sottofondo, i suoni naturali o persino il silenzio calcolato possono amplificare l'esperienza culinaria. È stato dimostrato che alcuni tipi di musica possono esaltare il sapore dei cibi: melodie lente e rilassanti possono far sembrare i piatti più dolci o delicati, mentre suoni ritmati e vivaci possono enfatizzare la freschezza e l'acidità. Inoltre, i suoni stessi del cibo – come il croccare di una patatina o il rumore di una bevanda versata – possono aumentare il piacere sensoriale.

- **Olfatto:** L'aroma del cibo gioca un ruolo fondamentale nel preparare i sensi alla degustazione. Gli odori possono evocare ricordi e influenzare le emozioni, arricchendo così l'esperienza globale. L'olfatto è strettamente legato al gusto e può esaltare o attenuare la percezione dei sapori. Aromi diffusi nell'ambiente, come profumi di agrumi o erbe fresche, possono essere utilizzati per creare un'atmosfera coerente con il tema della cena, rendendo l'ambiente più accogliente o energico.

- **Tatto:** Il tatto non riguarda solo la consistenza del cibo in bocca, ma anche il contatto fisico con l'ambiente circostante. Mangiare con le mani, come accade in alcune esperienze enogastronomiche (ad esempio nella cucina africana o indiana), aggiunge una dimensione tattile che rende l'esperienza più autentica e intima. Anche la consistenza dei materiali usati, come stoviglie in ceramica artigianale o tovaglioli di lino, può influenzare la percezione di qualità e cura. La sensazione tattile del cibo – dalla croccantezza di un piatto al cremoso di una salsa – offre un coinvolgimento fisico che completa la percezione gustativa.

- **Gusto:** Infine, il gusto è il cuore dell'esperienza enogastronomica. Tuttavia, in un contesto multisensoriale, il gusto diventa parte di un dialogo più ampio tra i sensi. La combinazione di sapori complessi con stimoli visivi, sonori e olfattivi può rendere l'esperienza molto più intensa e memorabile. Ad esempio, un piatto di ostriche gustato mentre si ascolta il suono delle onde e si respira un profumo di mare crea una sinergia sensoriale che amplifica il piacere del pasto.

Il concetto di multisensorialità nelle diverse tipologie di Dinner Experience implica la capacità di coinvolgere tutti i sensi, creando un'esperienza immersiva e stimolante. Alcune tipologie di Dinner Experience sono intrinsecamente multisensoriali, come la Sensorial Dinner e l'Immersive Dinner, mentre altre richiedono l'aggiunta di elementi sensoriali che arricchiscono l'esperienza. Vediamo nel dettaglio come il principio di multisensorialità può essere applicato a ciascuna delle dieci tipologie di Dinner Experience.

1) Show Cooking: Lo Show Cooking è già un'esperienza visiva, in quanto i partecipanti osservano la preparazione del cibo in tempo reale. Per renderla realmente multisensoriale, è possibile tenere conto dei seguenti aspetti:

- **Vista:** oltre alla preparazione in diretta, la presentazione finale dei piatti deve essere estetica e creativa.

- **Suoni:** il rumore degli utensili, il sibilo della cottura, e i suoni della cucina possono fornire un loro contributo all'esperienza.

- **Olfatto:** gli aromi che si diffondono durante la preparazione aumentano l'attesa e il desiderio del cibo in preparazione.

- **Tatto:** gli ospiti possono essere coinvolti in piccole preparazioni, toccando ingredienti o partecipando alla creazione dei piatti.

- **Gusto:** naturalmente, il culmine dell'esperienza è la degustazione del piatto preparato.

2) Sensorial Dinner: Il principio è endogeno. La Sensorial Dinner è di per sé completamente incentrata sulla multisensorialità.

3) Immersive Dinner: Il principio è endogeno. L'Immersive Dinner comprende e va oltre la multisensorialità, creando un ambiente in cui i partecipanti sono immersi in un mondo tematico.

4) Location Dinner: La Location Dinner si basa su luoghi insoliti o spettacolari che aggiungono una dimensione unica all'esperienza. Per enfatizzare la multisensorialità:

- **Vista**: la location stessa, come un castello o una spiaggia, diventa parte integrante dell'esperienza visiva.

- **Olfatto**: gli odori naturali del luogo (come la brezza marina o l'odore della vegetazione) arricchiscono il contesto.

- **Suoni**: i suoni ambientali del luogo (onde del mare, cinguettio degli uccelli, ecc.) o musica dal vivo.

- **Tatto**: l'interazione con l'ambiente circostante, come camminare sulla sabbia o toccare elementi naturali della location.

- **Gusto**: il cibo dovrebbe riflettere il luogo, con ingredienti locali e piatti tradizionali.

5) Narrative Dinner: La Narrative Dinner si basa sulla narrazione di una storia durante la cena, che può essere resa multisensoriale attraverso:

- **Vista:** elementi visivi coerenti con la storia, come proiezioni o decorazioni che rappresentano il tema.

- **Suoni:** la narrazione può essere accompagnata da suoni o musica che riflette il periodo o il tema della storia.

- **Olfatto:** profumi ambientali che evocano l'epoca o il tema narrato (es. profumo di erbe medievali per una Historical Dinner).

- **Tatto:** possibilità di interagire con oggetti storici o culturali legati alla narrazione.

- **Gusto:** i piatti stessi raccontano una storia, con ricette che richiamano il tema narrato.

6) Dinner Show: Nel Dinner Show, l'intrattenimento dal vivo si combina con l'esperienza culinaria. Gli elementi multisensoriali includono:

- **Vista:** lo spettacolo visivo (danza, teatro, ecc.) che si svolge durante il pasto.

- **Suoni:** la musica o i dialoghi dello spettacolo che coinvolgono e accompagnano l'esperienza.

- **Olfatto:** gli aromi del cibo si fondono con quelli dell'ambiente, arricchendo l'esperienza.

- **Tatto:** interazione fisica con lo spettacolo o con gli oggetti scenici.

- **Gusto:** i piatti sono serviti in armonia con i tempi dello spettacolo, creando un equilibrio tra intrattenimento e degustazione.

7) Art Dinner: La Art Dinner integra arte e cibo in un'unica esperienza multisensoriale. Alcuni elementi includono:

- **Vista:** le opere d'arte esposte contribuiscono a creare un ambiente visivamente stimolante.

- **Suoni:** musica che riflette lo stile artistico o suoni legati alle opere esposte.

- **Olfatto:** profumi che possono essere associati a determinate opere o ambienti artistici.

- **Tatto:** interazione con opere d'arte tattili o partecipazione a creazioni artistiche durante la cena.

- **Gusto:** i piatti sono ispirati all'arte, con forme, colori e presentazioni che richiamano il tema artistico.

8) School Dinner: La School Dinner è un'esperienza educativa dove i partecipanti imparano a cucinare o scoprire nuove tecniche culinarie. La multisensorialità può essere arricchita con:

- **Vista:** osservare lo chef o l'insegnante mentre prepar i piatti.

- **Olfatto:** imparare a riconoscere gli aromi degli ingredienti durante la preparazione.

- **Suoni:** il suono degli utensili e delle fasi di cottura che accompagnano la lezione.

- **Tatto:** partecipazione attiva alla preparazione dei piatti, toccando ingredienti e utensili.

- **Gusto:** degustazione dei piatti preparati come parte dell'apprendimento.

9) Wellness Dinner: La Wellness Dinner si concentra sul benessere fisico e mentale. La multisensorialità può essere ampliata con:

- **Vista:** ambienti rilassanti e naturali, con colori tenui e materiali naturali.

- **Olfatto:** aromi rilassanti come lavanda o erbe aromatiche.

- **Suoni:** musica calmante, suoni della natura o meditazione sonora.

- **Tatto:** contatto con elementi naturali come pietre calde, tessuti morbidi o superfici tattili.

- **Gusto:** piatti salutari, preparati con ingredienti freschi e nutrienti, che esaltano la sensazione di benessere.

10) Sustainable Dinner: La Sustainable Dinner si concentra sulla sostenibilità e l'uso di prodotti locali. Gli elementi multisensoriali includono:

- **Vista:** presentazione di piatti realizzati con ingredienti naturali e stagionali.

- **Olfatto:** profumi freschi di prodotti biologici e locali.

- **Suoni:** suoni naturali che evocano l'origine degli ingredienti, come il suono del vento o della pioggia.

- **Tatto:** stoviglie e posate realizzate con materiali sostenibili, come legno o ceramica artigianale.

- **Gusto:** piatti che esaltano la freschezza e la genuinità degli ingredienti, con sapori semplici ma autentici.

Integrazione e coerenza

È fondamentale che tutti gli stimoli sensoriali siano coerenti e integrati tra loro. Un'esperienza multisensoriale deve essere progettata attentamente affinché ogni senso venga stimolato in armonia con gli altri. Un contrasto eccessivo tra, ad esempio, una musica troppo forte e una presentazione visiva raffinata, potrebbe rompere l'equilibrio dell'esperienza.

Ricotta, Pani Cunzatu e Antiche Storie Siciliane

Il principio della **multisensorialità** applicato al caso di studio "Ricotta, Pani Cunzatu e Antiche Storie Siciliane", che rientra nel format "Sapienza dei Sapori: Un Viaggio nel Tempo", tiene conto sia del menù proposto sia del titolo, che include l'evocazione delle **antiche storie siciliane**.

Nell'ideazione del progetto, ho previsto i seguenti elementi chiave, di cui potete trovare i dettagli nella pagina web dedicata al format "Sapienza dei Sapori: Un Viaggio nel Tempo":

Vista

Presentazione delle portate: La presentazione visiva del cibo dovrebbe essere un vero spettacolo per gli occhi. Le portate devono essere servite in materiali che richiamano gli utensili storicamente utilizzati. Ad esempio, la **ricotta calda** potrebbe essere servita in tipici **tazzoni di terracotta** (scuteddi). Anche i piatti delle altre portate potrebbero essere realizzati in materiali tradizionali o in **ceramiche decorate a mano**, tipiche della tradizione siciliana. Il verde delle olive e il rosso del **capuliatu** (pomodori secchi) nel pani cunzatu potrebbero giocare con i contrasti cromatici per rendere il cibo visivamente più invitante.

Ambiente: L'esperienza potrebbe svolgersi in una tipica **masseria** (Location Dinner), con l'ambiente curato nei minimi dettagli per riprodurre fedelmente il contesto rurale di una volta, compresi arredi e illuminazione. Se l'esperienza si svolge in un contesto diverso

(Narrative Dinner), la location dovrebbe essere allestita per evocare l'ambiente tradizionale delle masserie, utilizzando illuminazione calda e dettagli decorativi come tessuti tradizionali e fotografie della vita pastorale siciliana.

Udito

Nel caso si scelga di svolgere l'esperienza in una masseria (Location Experience), i suoni ambientali della fattoria, come quelli degli animali presenti e dei rumori prodotti durante la preparazione dei cibi, potrebbero essere sufficienti. Se l'esperienza si svolgesse in un contesto diverso, potrebbe essere utile arricchirla con suoni naturali che richiamano la vita delle antiche fattorie. Inoltre, potrebbe essere vantaggioso aggiungere musica di sottofondo o, meglio ancora, musica dal vivo legata alla tradizione pastorale siciliana. Qualora fosse possibile, l'inclusione di ballate popolari siciliane durante il pasto potrebbe rappresentare uno stimolo aggiuntivo per l'udito.

Olfatto

Il senso dell'olfatto è intrinsecamente coinvolto in questo tipo di esperienza. L'aroma della ricotta calda, del pani cunzato, soprattutto se appena sfornato, del caciocavallo, dell'origano e degli altri prodotti offerti è di per sé avvolgente. Se l'esperienza si svolge in una masseria, si aggiungeranno gli odori caratteristici dell'ambiente rurale e della natura circostante. Se possibile, la preparazione della ricotta calda, del pani cunzato, delle focacce e della salsiccia potrebbe avvenire vicino agli ospiti, permettendo loro di sentire i profumi durante la cottura e la preparazione finale, anticipando così il piacere della degustazione.

Tatto

- **Esperienza tattile del cibo**: Alcuni piatti, come il pani cunzato o le scacce, possono essere serviti in modo tale che gli ospiti li consumino con le mani, intensificando la percezione tattile e rendendo l'esperienza più coinvolgente e autentica.

- **Materiali naturali**: L'utilizzo di stoviglie in materiali tradizionali come ceramica o terracotta, che richiamano la cultura siciliana, e tovaglioli e tovaglie in lino o altri tessuti naturali, contribuisce a trasmettere una sensazione di autenticità e qualità.

Gusto

Il senso del gusto, al pari dell'olfatto è intrinsecamente coinvolto in questo tipo di esperienza. Tuttavia, si potrebbe arricchire l'esperienza con abbinamenti inaspettati che richiamano la tradizione, ad esempio offrendo varianti di condimenti per il pane condito, come olio d'oliva aromatizzato con erbe locali o acciughe. È altrettanto importante accompagnare ogni piatto con una spiegazione che ne descriva il sapore e il contesto storico o mitologico a esso legato, arricchendo così la degustazione con dettagli che stimolino anche l'immaginazione.

Tutti gli esempi riportati a proposito delle Sensorial Dinner e Immersive Dinner applicano il principio della multisensorialità. Anche molti degli altri esempi visti in altre tipologie di Dinner Experience possono essere caratterizzate da un forte approccio multisensoriale, tra questi: Ultraviolet, Dinner in the Sky, le Petit Chef, Ithaa Undersea, El Celler de Can Roca e Eatrenalin.

Vediamo altri esempi:

The Fat Duck Sound of the Sea

Al **Fat Duk** viene servita la Gelatina alla quaglia e crema di scampi con sopra paté di fegato. Il piatto viene servito assieme a un centrotavola di rovere con il vapore che si sprigiona al momento in cui viene versata l'acqua sul ghiaccio secco posto sopra il muschio.

https://youtu.be/8HEa68YgKJ0?si=PSWnZPEMTsyUun5

Un altro esempio di marketing sensoriale viene sempre dallo stesso ristorante Fat Duk, dove i clienti, mentre assaporano un antipasto di mare, possono immergersi ulteriormente nell'esperienza grazie all'uso di cuffie che riproducono il suono del mare.

https://youtu.be/R_6vJ4jB0B0

Dans le Noir (varie località)

Dans le Noir è un'esperienza dove i commensali mangiano al buio completo. Privati del senso della vista, gli ospiti sono costretti a concentrarsi su gusto, olfatto, tatto e suoni, rendendo l'esperienza multisensoriale in modo unico e intenso.

Link al sito web: https://www.danslenoir.com/

Waku Ghin (Singapore)

Waku Ghin utilizza tecnologie di illuminazione e suono per arricchire l'esperienza gastronomica. Ogni portata è preparata di fronte ai commensali, coinvolgendo non solo il gusto e l'olfatto, ma anche la vista e l'udito grazie alle tecniche di cottura utilizzate.

Video

https://youtu.be/fZAbYkijLIw?si=Ks2ZmdC1KSj-FIjt

Principio 2: Approccio culturale (Identità locali)

Approccio Culturale: Il percorso esperienziale deve permettere di approfondire la conoscenza degli elementi di identità culturale. *La Dinner Experience non si limita al cibo in sé, ma lo inserisce in un contesto più ampio che esplora e valorizza le tradizioni culinarie locali, la storia degli ingredienti e le peculiarità culturali legate al territorio.*

Un'esperienza culturale è di norma associata a elementi di identità locale: luoghi, storie, prodotti tipici, usi, costumi e tradizioni. In questo caso il principio è endogeno. Tali identità possono essere elementi culturali, naturali, storiche o demoetnoantropologiche. Un intelligente (e competente) "racconto" di tali identità farà sì che si creino i presupposti per una connessione emotiva tra il partecipante e la risorsa culturale oggetto del percorso esperienziale/interpretativo. Una connessione che renderà duraturo il ricordo dei luoghi e della stessa esperienza vissuta.

Ciò che è importante è evidenziare gli elementi di identità culturale che possono essere di diversi tipi:

- **Luoghi** I luoghi in cui si svolge la Dinner Experience possono essere luoghi particolarmente significativi o rappresentativi di un territorio o di una cultura. La scelta della location è importante, poiché può aggiungere profondità all'esperienza. Un esempio potrebbe essere una cena organizzata all'interno di un castello medievale, una masseria, o un vigneto, dove il contesto storico o naturale diventa parte integrante dell'esperienza culinaria. Esempio: Una Location Dinner che si svolge in un'antica villa toscana, con i commensali seduti in un giardino rinascimentale, circondati da ulivi e vigneti. L'atmosfera del luogo arricchisce l'esperienza, creando un legame emotivo con il territorio e la sua storia.

- **Storie** Le **storie e leggende locali** possono essere integrate durante la cena, attraverso narrazioni che raccontano aneddoti storici, miti o eventi legati al luogo o agli ingredienti utilizzati nei piatti. I racconti possono essere presentati dal personale di sala o da narratori locali, e possono anche essere supportati da elementi visivi o sonori. Esempio: Una Narrative Dinner in Sicilia che racconta le leggende legate all'Etna, con ogni portata ispirata alle eruzioni vulcaniche o ai prodotti cresciuti sul suolo fertile del vulcano. Il cibo diventa una metafora per raccontare la storia del luogo.

- **Prodotti Tipici** La valorizzazione dei prodotti tipici locali è utile per connettere i commensali alla tradizione culinaria del luogo. Gli chef possono spiegare l'origine e la storia di questi prodotti, creando un legame più profondo con i partecipanti. Esempio: Una Sustainable Dinner che utilizza esclusivamente ingredienti locali e stagionali, come olio extravergine di oliva, formaggi e vini del territorio. La cena può includere degustazioni di prodotti tipici accompagnate da spiegazioni dettagliate sulle tecniche di produzione e sul valore culturale di ogni ingrediente.

- **Tradizioni Locali** Le tradizioni culinarie locali e i rituali legati alla preparazione e al consumo del cibo possono essere integrate nell'esperienza. Ad esempio, la presentazione dei piatti può seguire le tradizioni antiche, e i commensali possono essere invitati a partecipare a pratiche tipiche, come la preparazione della pasta fatta in casa o la preparazione del vino. Esempio: Una School Dinner dove i partecipanti imparano a fare la pasta fresca seguendo antiche ricette locali, per poi degustare i piatti preparati in un ambiente che richiama le vecchie case contadine, con racconti di vita rurale.

- **Architettura** L'**architettura** del luogo in cui si svolge la cena può arricchire l'esperienza culturale. Gli stili architettonici locali, come il barocco siciliano, il neoclassico o il rinascimentale, possono essere parte della narrazione dell'esperienza. Le stanze, i saloni o le terrazze in cui si svolge la cena possono diventare una vera e propria "cornice" che amplifica la connessione culturale. Esempio: Una Location Dinner organizzata in un palazzo barocco siciliano, dove ogni piatto servito è ispirato al periodo storico e all'architettura del luogo, creando un'armonia tra l'ambiente e la tradizione culinaria.

Una caratteristica dei prodotti tipici locali è quella proprio di legare l'esperienza enogastronomica a identità locali riconosciute. In Italia, tra i prodotti locali che sarebbe opportuno prendere in considerazione, non vanno dimenticati I **P**rodotti **A**groalimentari **T**radizionali italiani **(P.A.T)** sono i prodotti inclusi in un apposito elenco, predisposto dal Ministero delle Politiche Agricole, Alimentari e Forestali e del Turismo con la collaborazione delle Regioni.

Per «prodotti tradizionali», si intendono quelle produzioni e beni agroalimentari a carattere di tipicità, con caratteristiche tradizionali, le cui procedure nelle metodiche di lavorazione, conservazione e stagionatura, *risultano consolidate dal tempo*. Il requisito per essere riconosciuti come Prodotti Agroalimentari Tradizionali (PAT) è quello di essere «ottenuti con metodi di lavorazione, conservazione e stagionatura consolidati nel tempo, omogenei per tutto il territorio interessato, secondo regole tradizionali, per un periodo non inferiore ai venticinque anni».

Il principio dell'Approccio Culturale applicato alle diverse tipologie di Dinner Experience implica quindi l'integrazione di elementi legati all'identità locale, come tradizioni culinarie, storia, prodotti tipici e usi culturali. Alcune Dinner Experience, come la Narrative Dinner e la Art Dinner, sono naturalmente connesse alla cultura, mentre altre possono essere arricchite aggiungendo componenti culturali per creare un'esperienza pienamente rispettosa del principio "Approccio Culturale"

1) Show Cooking: Lo **Show Cooking** può diventare un'occasione per mostrare non solo le tecniche di preparazione del cibo, ma anche per raccontare storie e tradizioni legate ai piatti locali e agli ingredienti. Elementi culturali che si possono integrare includono:

- **Storie degli ingredienti locali:** Durante la preparazione, lo chef può spiegare l'origine storica e culturale degli ingredienti, come le erbe autoctone o i piatti tipici della regione.

- **Tecniche tradizionali:** L'uso di tecniche culinarie locali o storiche, come la cottura al forno a legna o la pasta fatta a mano, può essere un modo per collegare il pasto alla cultura.

- **Location:** Se lo Show Cooking avviene in un contesto culturale (es. una masseria, un casale antico), l'esperienza si arricchisce di connotazioni legate all'identità del territorio.

2) Sensorial Dinner: La **Sensorial Dinner** si concentra sulla stimolazione dei sensi, ma può facilmente integrarsi con elementi culturali per ampliare l'esperienza. Ecco alcuni modi in cui l'approccio culturale può essere applicato:

- **Ingredienti locali:** L'uso di prodotti tipici della regione permette di creare un legame con la tradizione culinaria locale.

- **Musica tradizionale:** L'accompagnamento musicale può includere brani legati alla cultura locale, come canti popolari o musica etnica, creando un'atmosfera autentica.

- **Presentazione dei piatti:** La scelta dei piatti e la loro presentazione possono richiamare le forme e i colori della tradizione locale. Ad esempio, i piatti possono essere decorati in modo da evocare elementi naturali o artistici del territorio.

3) Immersive Dinner: L'Immersive Dinner è già progettata per essere un'esperienza coinvolgente, e l'integrazione di elementi culturali può amplificare l'immersione. Ecco come:

- **Ambientazione tematica**: La cena può essere ambientata in un'epoca storica o in un contesto culturale specifico, con proiezioni e suoni che richiamano luoghi o eventi significativi del territorio.

- **Costumi e scenografia**: I camerieri o lo staff possono indossare costumi tradizionali, mentre la scenografia della cena può riflettere elementi architettonici o paesaggistici locali.

- **Narrazione culturale**: Durante l'esperienza, una narrazione incentrata su storie e leggende locali può accompagnare il pasto, rafforzando il legame con il contesto culturale.

4) Location Dinner: La Location Dinner è una delle esperienze che più si presta all'integrazione del principio culturale, poiché il luogo stesso può rappresentare un elemento identitario del territorio. Alcuni esempi di integrazione culturale includono:

- **Cene in luoghi storici**: Organizzare una cena in un castello, una villa d'epoca o un sito archeologico può immergere i commensali nella storia del luogo.

- **Prodotti del territorio**: L'utilizzo di ingredienti locali provenienti da quella specifica zona, come vini, formaggi o carni tipiche, permette di legare la cena all'identità agricola e culinaria del luogo.

- **Architettura e design**: La scelta della location può mettere in risalto l'architettura tradizionale, che diventa parte integrante dell'esperienza.

5) Narrative Dinner: La Narrative Dinner è per natura legata al concetto di approccio culturale, poiché l'esperienza è collegata a una narrazione che esplora un tema culturale, storico o mitologico

6) Dinner Show: Nel Dinner Show, lo spettacolo dal vivo può includere elementi culturali che arricchiscono l'esperienza. Alcuni esempi sono:

- **Spettacoli folkloristici:** Gli artisti possono eseguire danze o musiche tradizionali che rappresentano la cultura locale, rendendo l'esperienza unica e radicata nel territorio.

- **Teatro storico:** Lo spettacolo può essere incentrato su una rappresentazione teatrale di eventi storici legati alla località in cui si svolge la cena.

- **Cultura locale integrata:** Anche i costumi, i dialoghi e gli ambienti dello spettacolo possono essere ispirati alla cultura o alle tradizioni del luogo, rendendo l'esperienza più autentica.

7) Art Dinner: Come la Narrative Dinner, anche la Art Dinner è profondamente legata al concetto di approccio culturale, soprattutto quando l'arte esposta è collegata al contesto locale. Ecco alcuni elementi che ne rafforzano l'identità culturale:

- **Esposizione di artisti locali:** Le opere esposte possono essere realizzate da artisti del territorio, che rappresentano la cultura, le tradizioni e i paesaggi locali.

- **Storia dell'arte locale:** Durante la cena, si possono raccontare storie sull'evoluzione dell'arte nella regione, spiegando come gli artisti locali siano stati influenzati dalla storia e dalle tradizioni.

- **Cibo ispirato all'arte:** I piatti stessi possono essere ispirati dalle opere d'arte esposte, creando un dialogo tra arte visiva e culinaria.

8) School Dinner: La School Dinner, incentrata sull'insegnamento e sull'apprendimento culinario, può diventare un'opportunità per esplorare le tradizioni gastronomiche locali. Ecco come integrarlo:

- **Lezioni di cucina tradizionale**: I partecipanti possono imparare a preparare piatti locali, come pasta fresca o piatti a base di ingredienti tipici della regione, guidati da chef che raccontano le origini storiche delle ricette.

- **Prodotti locali**: Ogni lezione può includere una spiegazione approfondita dei prodotti tipici, della loro coltivazione e della loro importanza per la cultura culinaria del territorio.

9) Wellness Dinner: La Wellness Dinner è spesso associata a pratiche di benessere fisico e mentale, ma può essere arricchita includendo aspetti culturali legati alle tradizioni locali di salute e alimentazione. Ecco come:

- **Cucina tradizionale salutare**: I piatti possono essere ispirati alla cucina locale che promuove il benessere, come la dieta mediterranea, utilizzando ingredienti freschi e biologici.

- **Rituali di benessere culturali**: L'esperienza può includere pratiche culturali di benessere legate al territorio, come l'uso di erbe medicinali locali o pratiche di rilassamento tradizionali.

- **Ambiente naturale**: La cena può essere ambientata in luoghi naturali che riflettono la connessione con il territorio e il benessere, come giardini botanici o spa che usano prodotti naturali locali.

10) Sustainable Dinner: La **Sustainable Dinner** si presta naturalmente a essere legata al territorio e alla cultura locale, poiché spesso si basa sull'uso di prodotti a chilometro zero e pratiche sostenibili. Elementi culturali possono includere:

- **Prodotti locali e stagionali**: La cena può celebrare i prodotti locali e le tecniche agricole tradizionali, spiegando l'importanza della sostenibilità nella cultura del territorio.

- **Tradizioni culinarie sostenibili**: I partecipanti possono imparare tecniche di cucina che riducono gli sprechi e utilizzano ogni parte degli ingredienti, come parte delle tradizioni locali.

- **Connessione con la natura**: La location stessa, come una fattoria biologica o un vigneto, può essere scelta per rafforzare la connessione con la cultura agricola locale e la sostenibilità.

Ricotta, Pani Cunzatu e Antiche Storie Siciliane

Il principio dell'approccio culturale, applicato al caso di studio "Ricotta, Pani Cunzatu e Antiche Storie Siciliane", viene concretizzato attraverso la narrazione che accompagna ogni piatto, illustrandone l'origine e il significato culturale. Rimandando per ulteriori dettagli alla pagina web dedicata al format "Sapienza dei Sapori: Un Viaggio nel Tempo", ecco alcuni elementi presi in considerazione:

- Tutti i prodotti sono inseriti nell'elenco nazionale dei Prodotti Agroalimentari Tradizionali (PAT).

- Verranno illustrate le modalità tradizionali di preparazione e gli antichi strumenti utilizzati per produrre la ricotta, il pane e gli altri prodotti presenti nel menù.

- Ogni prodotto sarà collegato a miti, leggende e credenze del popolo pastorale antico. Ad esempio, la ricotta ha radici profonde e connessioni con riti di fertilità e abbondanza, mentre il pane e il maiale, di cui si gusterà la salsiccia, sono anch'essi legati a miti e leggende del passato.

- Si evidenzierà come il processo di produzione della ricotta, con il riscaldamento e la trasformazione del siero in un prodotto completamente nuovo, possa essere visto come un rituale di rigenerazione. Questo simbolismo era comune nelle società agricole antiche, che interpretavano la trasformazione della materia come un riflesso dei cicli naturali di morte e rinascita, fondamentali per la fertilità della terra e la sopravvivenza del bestiame.

- Verrà messa in risalto la storia della ricotta e del pani cunzatu nella tradizione pastorale, insieme alle tecniche tradizionali di preparazione.

- Nella versione che si terrà nel Ragusano, verrà raccontata la leggenda dell'assedio del Castello di Ragusa da parte degli Arabi, durante il quale la popolazione lanciò ricotta, fatta con il latte delle donne fertili, agli assedianti per dimostrare che non erano in difficoltà, ma vivevano in uno stato di abbondanza alimentare. Saranno narrate anche altre leggende locali, come quella della Capra d'Oro, legata alle "truvature" e alle superstizioni del mondo pastorale antico.

Tutti gli esempi riportati a proposito della Art Experience e Narrative Experience e applicano il principio dell'Approccio Culturale. Anche molti degli altri esempi visti in altre tipologie di Dinner Experience possono essere caratterizzate da un forte approccio multisensoriale, vediamone alcune diverse da quelle precedentemente indicate:

Sukiyabashi Jiro (Tokyo, Giappone)

Questo ristorante di sushi riflette la tradizione giapponese attraverso l'arte del sushi, presentando ingredienti locali freschissimi e una meticolosa attenzione alla preparazione, alla presentazione e al rituale del pasto, come nelle tradizionali cerimonie del tè.

Link al sito web: https://www.sushi-jiro.jp/

Central (Lima, Perù)

Il ristorante Central di Virgilio Martínez celebra la biodiversità e la cultura peruviana attraverso un viaggio gastronomico che esplora diversi ecosistemi e altitudini. Ogni piatto è legato a ingredienti autoctoni e tecniche tradizionali della cucina peruviana.

Link al sito web: https://centralrestaurante.com.pe/default.html

Video:

https://youtu.be/RMMy34SBVtg?si=qLNNiuoEii4_hYEh

Azurmendi (Bilbao, Spagna)

Ristorante sostenibile che combina la cucina basca con tecniche moderne, esaltando i sapori e gli ingredienti locali. Azurmendi valorizza l'eredità culturale del Paese Basco e offre un percorso culinario che celebra la sostenibilità e le tradizioni.

Link al sito web: https://azurmendi.restaurant/

Attica (Melbourne, Australia)

Ben Shewry, chef di Attica, esplora la cultura australiana, integrando ingredienti nativi e raccontando storie delle comunità aborigene. L'esperienza culinaria mira a far conoscere la biodiversità e la cultura indigena del continente.

Link al sito web: https://www.attica.com.au/

Old City Hall subway station - New York

Nel 1904, la prima corsa in metropolitana di New York partì dalla stazione del municipio in mezzo a un grande orgoglio civico. Con l'accesso esclusivo attraverso il New York Transit Museum, esplora gli eleganti lampadari, i lucernari piombati, il soffitto a volta in piastrelle e le curve aggraziate di questa stazione della metropolitana dismessa.

Link alla scheda web:

https://www.itinerariesperienziali.it/directory-offerte/listing/old-city-hall-subway-station-new-york/

Video:

https://youtu.be/CVzSOnHQ16o?si=qtbatUMwZcsEn-Ak

Ristorante The Dining Pod, Koh Kood (Thailandia)

Comodamente seduti in una capsula di bambù, posta in alto nel fogliame tropicale dell'antica foresta pluviale di Koh Kood, gli ospiti possono osservare l'Oceano e assaporare prodotti tipici del luogo.

Link alla scheda web:

https://www.itinerariesperienziali.it/directory-offerte/listing/ristorante-the-dining-pod-koh-kood-thailandia/

Video:

https://youtu.be/XINltRz77MI?si=B5rr4sbLy12URJ68

Villa Escudero a ridosso della cascata Lebasin Falls – Filippine

L'esperienza offerta dal ristorante Le Cascate Labasin consiste nella possibilità di gustare il tradizionale pranzo filippino, in stile kamayan, con i piedi immersi nell'acqua corrente poco profonda a ridosso della cascata Lebasin.

Link alla scheda web:

https://www.itinerariesperienziali.it/directory-offerte/listing/ristorante-le-cascate-labasin-filippine/

Video

https://youtu.be/5xD6nRtfQdE?si=2WxScaetQmAz10qz

Principio 3: Unicità

*Unicità: **Il percorso esperienziale deve presentare caratteristiche di unicità.** Ogni Dinner Experience deve presentare caratteristiche di unicità. Ogni pasto deve essere pensato per offrire un'esperienza irripetibile, con un menu, un'ambientazione e un tema unici nel loro genere, offrendo ai partecipanti qualcosa di speciale e distintivo, impossibile da replicare altrove.*

Unicità come Principio Endogeno

Quando il Principio 2: Approccio Culturale viene applicato, l'unicità può essere considerata endogena, cioè intrinseca all'esperienza stessa. Per esempio, un evento enogastronomico in un borgo antico avrà caratteristiche di unicità legate al contesto culturale e alla storia di quel luogo specifico. Ogni borgo, con la sua architettura, le sue tradizioni, e la sua cucina tipica, offre un'esperienza irripetibile che non può essere riprodotta altrove. Anche i luoghi di rilevanza culturale o naturale, come un sito UNESCO, aggiungono un valore unico all'esperienza, facendo sì che essa diventi irripetibile.

Unicità anche in contesti comuni

Anche esperienze comunemente ripetute, come cene a tema medievale o nei ristoranti di catena (ad esempio Hard Rock Café), possono essere considerate uniche, poiché ogni luogo e contesto apporta un elemento di differenziazione. Ad esempio, una cena medievale in un castello del nord Italia avrà un'atmosfera e una storia diverse da una cena simile in un altro paese. La location e il contesto locale conferiscono unicità all'esperienza, anche quando il tema potrebbe sembrare "già visto".

Aspetti da considerare per rispettare il Principio dell'Unicità

Per creare una Dinner Experience unica, ci sono alcuni elementi chiave da considerare:

- **Eventi Esclusivi:** Organizzare cene che avvengono solo in momenti particolari o in occasione di eventi specifici, come festival locali o celebrazioni storiche, può aumentare l'unicità dell'esperienza. Esempio: Una cena gourmet organizzata durante un festival del vino in una regione vinicola, dove gli ospiti possono degustare vini rari o esclusivi del luogo.

- **Accesso Esclusivo:** Offrire ai commensali l'accesso a luoghi normalmente chiusi al pubblico può rendere l'esperienza davvero speciale. Esempio: Una cena in una cantina vinicola storica o in un museo chiuso al pubblico per l'occasione, dove gli ospiti possono degustare piatti in un ambiente suggestivo e carico di storia.

- **Esperienze Personalizzate:** Creare esperienze personalizzate per piccoli gruppi o individui in base ai loro gusti e preferenze offre un livello di unicità difficilmente replicabile.

- **Storie Uniche:** Le storie locali, leggende e racconti che accompagnano la cena arricchiscono l'esperienza e la rendono irripetibile. La narrazione può essere usata per raccontare la storia degli ingredienti, delle ricette o del luogo stesso. Esempio: Una cena che include una narrazione storica sulla vita di un famoso personaggio del luogo o leggende popolari che hanno ispirato i piatti.

- **Interazione Locale:** Permettere ai commensali di interagire con la comunità locale o con artigiani e produttori del territorio crea un legame autentico con la cultura del luogo. Esempio: Un evento enogastronomico in cui i partecipanti possono incontrare i contadini che producono gli ingredienti usati per la cena o partecipare a laboratori di cucina con cuochi locali.

Applicazione dell'Unicità nelle Diverse Tipologie di Dinner Experience

1. **Show Cooking:** Unicità può essere data dall'esecuzione di tecniche culinarie tradizionali del luogo in modo teatrale, accompagnate da storie locali legate ai piatti. Esempio: Uno chef che dimostra la preparazione di un piatto antico, tipico di una regione specifica, aggiungendo racconti e leggende sulla sua origine.

2. **Sensorial Dinner:** La combinazione di sapori locali, musica, profumi e ambientazione che richiamano la cultura e le tradizioni del territorio può creare un'esperienza sensoriale unica. Esempio: Un'esperienza multisensoriale che utilizza erbe e spezie locali e accompagna ogni portata con suoni e immagini legate al paesaggio naturale della zona.

3. **Immersive Dinner:** L'uso di tecnologie avanzate per ricreare ambientazioni storiche o culturali può rendere una Immersive Dinner irripetibile. Esempio: Proiezioni digitali che trasformano la sala in un villaggio medievale o in una scena di un evento storico legato alla cultura locale.

4. **Location Dinner:** La location stessa offre l'unicità dell'esperienza, soprattutto se si tratta di luoghi storici, naturali o culturali difficili da raggiungere o normalmente chiusi al pubblico. Esempio: Una cena in un antico monastero o in una grotta naturale, con piatti ispirati alla storia del luogo.

5. **Narrative Dinner:** L'unicità risiede nella narrazione, con storie locali o leggende che cambiano a seconda del contesto. Esempio: Ogni portata è associata a un racconto specifico di un evento storico o mitologico del luogo, con attori che interpretano scene durante la cena.

6. **Dinner Show:** L'aggiunta di spettacoli culturali dal vivo, come balli o musiche tradizionali, rende ogni spettacolo unico in relazione alla cultura del luogo. Esempio: Una cena con spettacoli di danze tradizionali locali che non sono replicabili altrove, in cui gli ospiti possono partecipare attivamente.

7. **Art Dinner:** La presenza di opere d'arte uniche o la partecipazione di artisti locali che creano in tempo reale rende l'esperienza inimitabile. Esempio: Una cena in una galleria d'arte locale, dove gli artisti espongono opere ispirate alla cultura e alla storia del territorio.

8. **School Dinner:** L'insegnamento di ricette tradizionali locali, con la guida di chef del posto, offre un'esperienza unica e personale. Esempio: Una lezione di cucina in cui gli ospiti imparano a preparare piatti tramandati da generazioni nella regione.

9. **Wellness Dinner:** L'unicità può essere trovata nell'uso di ingredienti e pratiche legate alle tradizioni di benessere locale, come l'utilizzo di erbe medicinali del territorio. Esempio: Un percorso di benessere gastronomico che include piatti preparati con ingredienti locali, accompagnati da pratiche tradizionali di guarigione o rilassamento.

10. **Sustainable Dinner:** L'unicità qui può derivare dall'utilizzo di tecniche agricole sostenibili locali o dalla collaborazione con produttori locali esclusivi. Esempio: Una cena che utilizza ingredienti raccolti durante la giornata da produttori locali, accompagnata da una visita alle fattorie circostanti.

Il principio dell'unicità, applicato al caso di studio "Ricotta, Pani Cunzatu e Antiche Storie Siciliane", è intrinsecamente legato all'applicazione del principio precedente (Approccio Culturale). L'esperienza è unica e irripetibile poiché, per ogni edizione, si avranno:

- **Location**, ognuna diversa dall'altra

- **Storie, miti e leggende**, non solo legati ai prodotti, ma anche contestualizzati con la località in cui si svolge l'esperienza

- **Eventi culturali e di intrattenimento**, differenti e unici per ogni edizione

- **Almeno una portata diversa** per ogni edizione dell'esperienza offerta

L'ambiente, i piatti e le storie condivise devono far percepire agli ospiti di vivere qualcosa di esclusivo, difficilmente replicabile altrove.

Tutti gli esempi riportati a proposito della Location Dinner o che applicano l'Approccio Culturale sono da considerare come esempi che rispettano il principio di unicità. Vediamo ulteriori esempi:

Ecco un elenco di Dinner Experience dove il principio dell'unicità è predominante:

Mil by Virgilio Martínez (Cusco, Perù)

Situato vicino al sito archeologico di Moray, questo ristorante non offre solo un pasto, ma un'immersione nella cultura andina. I commensali partecipano a visite alle fattorie locali e incontrano artigiani, culminando in una cena a otto portate che esplora gli ecosistemi unici delle altitudini peruviane.

Video:

https://youtu.be/Nbjc-_C61YQ?si=M5DePhbaSQnQvPMk

Vespertine (Los Angeles, USA)

Vespertine è conosciuto per il suo approccio rivoluzionario alla gastronomia. Chef Jordan Kahn trasforma l'esperienza culinaria in un vero e proprio viaggio attraverso spazi e sapori futuristici, offrendo piatti che sembrano opere d'arte, accompagnati da una colonna sonora personalizzata.

Video:

https://youtu.be/ir09L2k50Bg?si=LQ19L7VmtHRpKynu

The Cave (Bali, Indonesia)

Questo ristorante si trova all'interno di una grotta di 25.000 anni, con soli 22 posti disponibili. Ogni piatto del menu a sette portate viene servito tra le antiche stalattiti, arricchito da proiezioni sulle pareti della grotta che amplificano l'atmosfera unica.

Video:

https://youtu.be/VLO_eywBG5c?si=FnYhx_nWQX8eVOm

Tramjazz – Roma

Tramjazz: una serata di spettacolo che offre insieme un concerto jazz, un'ottima cena a lume di candela e un tour notturno nel centro di Roma, tutto a bordo di un tram storico della collezione ATAC, restaurato e risistemato come ristorante e sala da concerto viaggiante. Link alla scheda web:

https://www.itinerariesperienziali.it/directory-offerte/listing/tramjazz-roma/

Video: https://youtu.be/qLPx-0BoFuI?si=czEmcF2FTE4hz8jR

Ali Barbour's Cave Restaurant – Kenia

A Dani Beach, trenta chilometri a sud di Mombasa, una lunga scalinata conduce ad un ristoranti ricavato all'interno di una cava di corallo naturale a dieci metri sotto il livello del mare e illuminato da centinaia di candele che creano un particolare gioco di chiaroscuri

https://www.itinerariesperienziali.it/directory-offerte/listing/ali-barbours-cave-restaurant-kenia/

Video: https://youtu.be/x7x5n3q7gnI?si=Xz8sBB2GTXYiunxc

Giraffe Manor Hotel

Il Giraffe Manor Hotel a Nairobi, Kenya, offre un'esperienza straordinaria e senza paragoni. Qui, gli ospiti non solo godono di un soggiorno lussuoso, ma hanno anche l'opportunità di interagire in modo intimo e unico con la natura e la fauna selvatica. Nel Giraffe Manor, è possibile entrare in contatto diretto con le giraffe, regalando un'esperienza autentica e memorabile.

Una delle caratteristiche più affascinanti di questo hotel è la presenza del branco residente di giraffe Rothschild. Queste magnifiche creature visitano regolarmente la struttura, sporgendo i loro lunghi colli attraverso le finestre nella speranza di ricevere una leccornia, prima di ritirarsi nel loro santuario forestale.

Scheda web:

https://www.itinerariesperienziali.it/directory-offerte/listing/giraffe-manor-hotel/

Video:

https://youtu.be/R7qIv1hBeR0?si=UtJUF26xydC6Bx05

Principio 4: Approccio relazionale (centralità e unicità delle persone)

Approccio Relazionale: Il percorso esperienziale deve essere basato sulle relazioni, ponendo al centro l'unicità delle persone. *Un aspetto fondamentale della Dinner Experience è la creazione di un legame tra lo chef, i partecipanti e il personale di sala, trasformando il pasto in un momento di condivisione, scambio e interazione, sia tra i commensali sia con i professionisti che contribuiscono a creare l'esperienza.*

Un'esperienza enogastronomica deve essere caratterizzata da relazioni significative, non solo tra le persone coinvolte, come chi offre l'esperienza (chef e personale di sala) e chi la riceve (gli ospiti), ma anche tra il cibo, le identità culturali rappresentate, la location e gli ospiti stessi. L'obiettivo principale è creare una connessione emotiva e intellettuale tra ciò che si propone (il cibo e le identità culturali) e l'ospite, trasformando la degustazione in un'esperienza trasformativa. Il successo della "Dinner Experience" dipende dalla capacità di stabilire questi legami, rendendo l'ospite non solo un cliente, ma un partecipante attivo e coinvolto, la cui esperienza viene arricchita dalle relazioni sviluppate durante il percorso degustativo.

Elementi chiave da prendere in considerazione per le offerte esperienziali rispettosi di questo principio:

- **Comunicazione empatica e attiva:** Lo staff, a partire dal personale di sala fino allo chef, deve possedere una forte capacità di comunicazione empatica. Questa non si limita a rispondere alle esigenze degli ospiti, ma va oltre, ascoltando attivamente i loro stati emotivi e creando una connessione profonda. Ogni interazione diventa un'opportunità per arricchire l'esperienza del cliente, che si sentirà valorizzato e accolto.

- **Location e ambienti intimi e curati:** La **scelta della location** e il design degli spazi devono favorire un'atmosfera che promuova l'interazione e la connessione tra i partecipanti. Spazi intimi, arredati con cura, e una accurata disposizione dei tavoli possono favorire un legame più stretto tra i commensali e tra questi e il personale. Inoltre, la cura dell'ambiente dovrebbe essere coerente con le identità culturali rappresentate attraverso il cibo, creando una fusione tra location e proposta culinaria.

- **Esperienze in piccoli gruppi:** Per garantire un'interazione più autentica e profonda, è consigliabile organizzare le Dinner Experience in piccoli gruppi. Questo consente agli ospiti di sentirsi a loro agio, riducendo il rumore e le distrazioni, e permette di creare legami più stretti con il personale e con gli altri partecipanti.

- **Narrazione e storie locali:** Le storie legate ai piatti, agli ingredienti e alla cultura locale contribuiscono a creare un contesto di narrativa collettiva. Gli ospiti non solo assaporano il cibo, ma vengono guidati in un viaggio che li porta a conoscere e comprendere il territorio, le tradizioni e le persone che lo abitano. La narrazione diventa così un ponte tra il cibo e l'ospite, offrendo un'esperienza che trascende il semplice atto del mangiare.

L'importanza del fattore emotivo e intellettuale

Al centro dell'approccio relazionale vi è l'**interazione emozionale**. Le emozioni positive che emergono dalle interazioni tra lo staff e gli ospiti o tra i commensali stessi si riflettono anche sul piacere gastronomico, arricchendo e rafforzando l'esperienza. Al contempo, stimolare un coinvolgimento intellettuale attraverso la narrazione e l'approfondimento delle tradizioni culinarie crea un legame che va oltre il momento del pasto.

In conclusione, ritengo si possa affermare che l'approccio relazionale è quindi molto più di un semplice principio organizzativo. La cena diventa un viaggio collettivo in cui le persone si connettono tra loro e con ciò che mangiano, attraverso un dialogo di storie, sensi, emozioni e cultura.

L'**Approccio Relazionale**, che pone al centro la centralità e unicità delle persone, può essere declinato in modi diversi a seconda della tipologia di Dinner Experience. In alcune esperienze come la Narrative Dinner o la School Dinner, l'approccio relazionale è intrinsecamente presente, mentre in altre tipologie potrebbe essere necessario integrare elementi che stimolino la relazione tra persone, cibo, cultura e ambiente. Vediamo come ogni tipologia di Dinner Experience può essere arricchita da questo principio:

1. Show Cooking: L'esperienza di Show Cooking già prevede una relazione diretta tra chef e ospiti, in quanto il processo di preparazione dei piatti è visibile e spesso interattivo. Tuttavia, per enfatizzare l'Approccio Relazionale, si potrebbe:

- **Stimolare l'interazione diretta**: Lo chef può interagire con gli ospiti durante la preparazione, spiegando tecniche e ingredienti, ma anche coinvolgendoli attivamente in piccoli momenti di preparazione, chiedendo opinioni o raccontando storie legate al piatto.

- **Creare un'atmosfera di condivisione**: Gli ospiti possono essere invitati a fare domande, esprimere preferenze o condividere esperienze personali legate al cibo, creando una relazione più profonda con lo chef e tra i commensali.

2. Sensorial Dinner: La Sensorial Dinner è focalizzata sulla stimolazione dei sensi, ma l'elemento relazionale può essere potenziato introducendo:

- **Percorsi sensoriali condivisi:** Gli ospiti possono essere guidati in percorsi degustativi, dove lo staff spiega le esperienze sensoriali legate ai piatti e stimola una discussione su come ogni persona percepisce e interpreta i diversi stimoli.

- **Momenti di connessione tra gli ospiti:** Gli ospiti possono essere invitati a condividere riflessioni sui sapori o gli aromi, creando un dialogo attivo tra commensali che arricchisce l'esperienza.

3. Immersive Dinner: Nella Immersive Dinner, l'immersione totale in un ambiente multisensoriale è la chiave, ma per integrare il principio relazionale si possono aggiungere:

- **Interazione con lo scenario:** Lo staff può includere gli ospiti nella narrazione o nell'esperienza sensoriale, chiedendo loro di partecipare attivamente a momenti performativi o stimolando interazioni collettive attraverso attività legate all'ambiente circostante.

- **Creazione di legami emotivi:** L'immersione sensoriale può essere completata da narrazioni che favoriscono un legame emotivo tra i partecipanti e la cultura rappresentata, stimolando una riflessione condivisa su temi più profondi come la tradizione, il territorio o la storia del cibo.

4. Location Dinner: La Location Dinner è naturalmente orientata verso la connessione tra il cibo e il contesto (storico, culturale o paesaggistico). Tuttavia, il principio relazionale può essere potenziato:

- **Connessione con il luogo e le persone**: Lo chef o il personale possono raccontare storie o tradizioni legate alla location, creando un legame tra gli ospiti, il cibo e il contesto. Momenti di riflessione condivisa sul significato culturale o storico del luogo possono favorire interazioni più profonde.

- **Attività collettive**: Gli ospiti possono essere invitati a esplorare insieme la location prima del pasto o durante i vari momenti della cena, creando occasioni di scambio e interazione.

5. Narrative Dinner: La Narrative Dinner è già basata sulla relazione, in quanto la narrazione crea un filo conduttore che collega gli ospiti al tema centrale della cena. Per rafforzare ulteriormente l'Approccio Relazionale, si possono integrare:

- **Partecipazione attiva alla narrazione**: Gli ospiti possono essere coinvolti nella narrazione stessa, magari con piccoli ruoli o interazioni che li rendono parte della storia. Questo crea un senso di appartenenza e partecipazione emotiva.

- **Discussione collettiva**: Al termine della cena, una riflessione collettiva sulla narrazione, i piatti e i temi esplorati può stimolare un dialogo profondo tra i commensali.

6. Dinner Show: La Dinner Show, caratterizzata da intrattenimento dal vivo, può essere arricchita dall'Approccio Relazionale attraverso:

- **Interazioni tra pubblico e artisti**: Gli artisti possono coinvolgere gli ospiti nello spettacolo, chiedendo la loro partecipazione diretta o creando momenti di interazione che rompono la barriera tra performance e pubblico.

- **Condivisione delle emozioni**: Gli ospiti possono essere incoraggiati a riflettere e condividere le emozioni provate durante lo spettacolo, creando un senso di comunità e interconnessione.

7. Art Dinner: Nella Art Dinner, dove arte e cibo si intrecciano, l'Approccio Relazionale può essere stimolato attraverso:

- **Discussione sull'arte**: Gli ospiti possono essere invitati a riflettere sull'arte esposta e sul legame tra arte e cibo. Questa interazione intellettuale arricchisce la cena e crea un dialogo tra gli ospiti, lo chef e gli artisti.

- **Esperienza collaborativa**: Gli ospiti possono essere coinvolti in attività artistiche prima o dopo il pasto, come creare opere d'arte collettive o partecipare a momenti performativi, stimolando così un senso di condivisione e collaborazione.

8. School Dinner: La School Dinner è forse la tipologia che più naturalmente incarna l'Approccio Relazionale, poiché l'insegnamento è intrinsecamente un processo interattivo. Per potenziare questo principio:

- **Apprendimento collaborativo**: Gli ospiti possono essere incoraggiati a lavorare insieme durante le sessioni di cucina, creando piatti in gruppo e scambiando competenze e conoscenze. Questo stimola un senso di comunità e condivisione.

- **Scambio di storie e esperienze**: Ogni partecipante può essere invitato a condividere le proprie storie legate al cibo, creando un dialogo che arricchisce l'esperienza educativa con legami personali e culturali.

9. Wellness Dinner: Nella Wellness Dinner, l'Approccio Relazionale può essere integrato attraverso:

- **Connessione tra benessere fisico e relazionale**: Durante la cena, si possono introdurre momenti di riflessione condivisa o sessioni di meditazione collettiva che favoriscono la connessione non solo con se stessi, ma anche con gli altri partecipanti.

- **Collaborazione e scambio**: Gli ospiti possono essere incoraggiati a condividere pratiche di benessere o consigli sulla salute, creando un dialogo che arricchisce l'esperienza di benessere globale.

10. Sustainable Dinner: Nella Sustainable Dinner, il legame tra cibo e sostenibilità può essere arricchito dall'Approccio Relazionale attraverso:

- **Dialogo sulla sostenibilità**: Gli ospiti possono essere coinvolti in discussioni o attività legate alla sostenibilità, come momenti di riflessione su pratiche ecologiche o sulla riduzione degli sprechi. Questo stimola un senso di responsabilità collettiva e appartenenza a un progetto più ampio.

- **Collaborazione con produttori locali**: Gli ospiti possono avere l'opportunità di interagire con produttori locali creando un legame diretto con la filiera e rendendo l'esperienza più autentica e relazionale.

Come abbiamo visto, ogni tipologia di Dinner Experience può beneficiare dell'integrazione dell'Approccio Relazionale, che arricchisce l'esperienza con elementi di interazione, condivisione e connessione. Questi elementi non solo migliorano l'esperienza individuale, ma creano un senso di appartenenza, rendendo l'evento coinvolgente e, di conseguenza, più memorabile.

Il principio dell'Approccio Relazionale, applicato al caso di studio "Ricotta, Pani Cunzatu e Antiche Storie Siciliane", si concretizza attraverso i seguenti accorgimenti:

- Gli organizzatori accompagneranno gli ospiti nel percorso di degustazione, illustrando le singole portate e rispondendo alle loro curiosità.

- Per favorire una relazione più profonda tra il personale e gli ospiti, il numero di partecipanti al percorso enogastronomico sarà limitato, tenendo conto anche delle dimensioni della location utilizzata.

- Saranno previsti dei momenti in cui lo chef o un narratore locale spiega personalmente la preparazione della ricotta o le tradizioni legate alla caponata e agli altri prodotti presenti a tavola. Questo favorirà il dialogo e creerà un legame tra chi prepara il cibo e chi lo consuma, rafforzando il senso di comunità.

- Il racconto di miti e leggende locali stimolerà una connessione emotiva tra le identità culturali del territorio e gli ospiti.

Alcuni esempi in cui è evidente l'approccio relazionale, diversi da quelli presentati precedentemente:

Dîner en Blanc (vari paesi)

Questa cena pop-up organizzata in tutto il mondo è caratterizzata da un forte elemento comunitario, in cui i partecipanti, vestiti di bianco, condividono l'esperienza in una location segreta. Il contesto collettivo e l'enfasi sull'estetica e sull'identità del gruppo creano una forte interazione tra i partecipanti. Inoltre, la preparazione del cibo e l'organizzazione dell'evento sono svolte in collaborazione, stimolando relazioni tra gli ospiti.

Video: https://youtu.be/7oMScKmG6Xc?si=uMl5ogKmg-SoXjM9

The Clove Club (Londra, Regno Unito)

Qui, la cena è un dialogo tra chef e ospiti. L'attenzione alla sostenibilità è centrale e viene costantemente comunicata agli ospiti, creando un rapporto di fiducia e consapevolezza. Lo staff spiega dettagliatamente l'origine di ogni ingrediente, promuovendo un dibattito sul valore della cucina sostenibile e creando una relazione diretta tra gli ospiti e la filosofia del ristorante.

Video https://www.thecloveclub.com/

Fiesta de los Sentidos (Mendoza, Argentina)

Questa esperienza multisensoriale si svolge nei vigneti di Mendoza, dove il cibo e il vino vengono degustati all'aperto, in un contesto naturale straordinario. Gli ospiti sono invitati a interagire con l'ambiente, a conoscere i produttori locali e a condividere le loro esperienze e sensazioni con gli altri partecipanti, favorendo un senso di appartenenza alla cultura del vino e del territorio.

Link al sito web: https://www.mendoza.edu.ar/marzo-fiesta-nacional-de-la-vendimiaq/

Farm to Table Dinner at Blue Hill at Stone Barns (New York, USA)

Blue Hill at Stone Barns propone un'esperienza immersiva basata sul concetto di "farm to table", dove gli ospiti vengono portati a visitare la fattoria prima del pasto. Questa connessione diretta con il luogo di provenienza degli ingredienti permette di sviluppare un legame profondo con la sostenibilità e la cultura agricola locale. Gli ospiti interagiscono con agricoltori e chef, esplorando la filiera alimentare e condividendo riflessioni sulla sostenibilità e la cucina locale.

Video: https://youtu.be/dLp4q6cc9zQ?si=eU1PTl8p0T9BifON

The Chef's Table at Brooklyn Fare (New York, USA)

In questo esclusivo ristorante, gli ospiti si siedono direttamente al tavolo dello chef, assistendo e partecipando alla preparazione dei piatti. La cena è concepita come un dialogo tra il cliente e lo chef, che spiega ogni dettaglio della creazione del piatto e invita i commensali a riflettere su tecniche e ingredienti. L'interazione continua favorisce un'esperienza altamente personalizzata e coinvolgente.

Video: https://youtu.be/5QgJAYB6g5s?si=bi9toI6-qrVj_2zy

Enigma by Albert Adrià (Barcellona, Spagna)

Enigma propone un'esperienza estremamente interattiva, dove gli ospiti vengono guidati attraverso una serie di stanze con diverse ambientazioni, ognuna delle quali offre un percorso gastronomico unico. L'interazione con lo staff e tra gli ospiti è fondamentale per vivere appieno questa cena multisensoriale e itinerante. Ogni piatto racconta una storia attraverso il cibo, e i commensali sono incoraggiati a partecipare attivamente e a condividere le proprie sensazioni e reazioni.

Video: https://youtu.be/Pu-_3l0aAnQ?si=yaFjlsqNoE_jxsP5

Principio 5: Partecipazione diretta

Partecipazione Diretta: Il percorso esperienziale deve prevedere la partecipazione diretta dei partecipanti ad alcune attività. *Non si tratta solo di gustare passivamente il cibo, ma di interagire con le persone presenti e se possibile con lo stesso ambiente , partecipare a piccoli momenti di preparazione o degustazione guidata, o contribuire alla scelta dei piatti in base a preferenze e gusti, rendendo i partecipanti co-creatori dell'esperienza culinaria.*

Il Principio di Partecipazione Diretta trasforma l'ospite da semplice spettatore passivo in un attore attivo e consapevole, co-creatore dell'esperienza stessa. Questo principio si collega profondamente al concetto di immersione, poiché l'interazione diretta e tangibile con l'ambiente, lo chef, e gli altri ospiti contribuisce a rendere l'evento non solo un'esperienza culinaria, ma un percorso che coinvolge i partecipanti in prima persona.

La Partecipazione Diretta implica una serie di attività che permettono agli ospiti di essere parte integrante della realizzazione e fruizione della Dinner Experience. Questo principio può essere applicato in modi diversi, a seconda della tipologia di esperienza proposta, ma ha sempre l'obiettivo di stimolare una relazione dinamica e attiva con ciò che accade. L'interazione non si limita alla degustazione del cibo, ma si estende a momenti di coinvolgimento fisico, emotivo e creativo, in cui ogni ospite diventa parte integrante del processo esperienziale.

Elementi distintivi della Partecipazione Diretta nella Dinner Experience

- **Coinvolgimento attivo nella preparazione del cibo:** Un momento di partecipazione diretta potrebbe essere, in alcuni casi, il coinvolgimento pratico degli ospiti nella preparazione del cibo. Questo può avvenire attraverso laboratori culinari, dimostrazioni interattive di tecniche di cucina, o momenti in cui gli ospiti vengono invitati a creare alcuni componenti o fasi del pasto, come l'impiattamento o la decorazione dei piatti. Ciò non solo rende l'esperienza più educativa e interattiva, ma crea un senso di appartenenza al processo di creazione.

- **Degustazione guidata e scelta attiva dei piatti:** La degustazione guidata permette agli ospiti di partecipare attivamente all'esplorazione sensoriale del cibo. Lo chef o il sommelier possono guidare i partecipanti attraverso ogni portata, chiedendo loro di esprimere opinioni, condividere preferenze e fare domande. Questo dialogo trasforma la cena in un evento partecipativo in cui l'ospite contribuisce all'interpretazione dei piatti e dei sapori.

- **Esperienze collaborative:** La creazione collaborativa di piatti durante la cena stimola un senso di comunità e condivisione tra gli ospiti. Ad esempio, in una cena interattiva, lo chef potrebbe invitare gli ospiti a creare insieme un piatto condiviso, o a partecipare a sfide culinarie in piccoli gruppi. Questo stimola la collaborazione e la creatività, e favorisce l'interazione sociale tra i commensali, oltre a rafforzare il principio relazionale.

- **Uso della tecnologia per facilitare l'interattività:** La tecnologia può essere utilizzata per creare momenti di partecipazione più dinamici. Ad esempio, durante la cena, tablet o smartphone possono essere utilizzati per coinvolgere gli ospiti in attività interattive come la scelta di ingredienti o la partecipazione a giochi a tema gastronomico. Le esperienze di realtà aumentata o virtuale possono trasportare i partecipanti in un viaggio multisensoriale che arricchisce il contesto del pasto e favorisce l'interazione con gli spazi e l'ambiente circostante.

- **Interazione con l'ambiente circostante:** In una Location Dinner, la partecipazione diretta può avvenire attraverso l'interazione fisica con lo spazio. Gli ospiti possono essere invitati a esplorare la location, magari raccogliendo erbe aromatiche o ingredienti locali da utilizzare nel pasto, oppure partecipando a un tour guidato del luogo prima o dopo la cena. Questa connessione diretta con l'ambiente permette agli ospiti di sentirsi parte della cultura locale e del territorio.

- **Momenti di animazione e performance interattive:** In una Dinner Show o una Narrative Dinner, la partecipazione diretta può essere attivata attraverso momenti di animazione e performance interattive. Gli ospiti possono essere coinvolti in spettacoli, giochi di ruolo o momenti teatrali che li rendono protagonisti della narrazione o della performance, rafforzando la connessione emotiva e intellettuale con l'esperienza.

Connessione tra Partecipazione Diretta e Approccio Relazionale

Il principio della Partecipazione Diretta è strettamente legato all'Approccio Relazionale, poiché entrambe le dimensioni mirano a creare connessioni tra i partecipanti, lo chef, e l'ambiente. Ad esempio:

- Nelle **Sensorial Dinner**, la partecipazione diretta può essere arricchita con momenti di condivisione sensoriale, in cui gli ospiti discutono insieme delle loro percezioni, creando così un dialogo che rende l'esperienza più intensa e collettiva.

- Nelle **Narrative Dinner**, il coinvolgimento attivo degli ospiti nella narrazione li trasforma in co-protagonisti della storia, rafforzando il legame con il tema proposto e con gli altri partecipanti.

Potenziamento dell'esperienza grazie all'interattività

L'integrazione di **elementi interattivi** è cruciale per stimolare il coinvolgimento emotivo e sensoriale degli ospiti. L'interattività non solo rende l'esperienza più coinvolgente, ma crea un legame più profondo con l'ambiente circostante e con le persone coinvolte. Questo può essere fatto attraverso:

- **Interazioni dirette con i materiali**: Gli ospiti possono toccare, annusare o persino manipolare ingredienti e materiali che compongono l'esperienza culinaria, contribuendo così a creare un senso di partecipazione fisica e sensoriale.

- **Esperienze gamificate**: La cena può essere arricchita con elementi ludici, come sfide o competizioni culinarie, che stimolano la partecipazione attiva degli ospiti e rendono l'esperienza divertente e dinamica.

L'approccio della Partecipazione Diretta può arricchire ogni tipologia di Dinner Experience trasformando gli ospiti da semplici fruitori a co-creatori dell'esperienza. Di seguito, approfondiamo come il principio della partecipazione diretta possa essere applicato alle varie tipologie di Dinner Experience, enfatizzando il coinvolgimento attivo degli ospiti.

1. Show Cooking: Lo Show Cooking è un format che già incorpora la partecipazione attiva degli ospiti. Tuttavia, per rafforzare questo principio, si possono introdurre momenti in cui gli ospiti interagiscono direttamente con lo chef, contribuendo alla preparazione o all'impiattamento.

2. Sensorial Dinner: Nella Sensorial Dinner, il principio della partecipazione può essere integrato attraverso la personalizzazione dell'esperienza sensoriale. Gli ospiti possono essere coinvolti nella selezione di aromi o suoni che accompagnano le diverse portate, creando un ambiente multisensoriale personalizzato.

3. Immersive Dinner: La Immersive Dinner richiede un coinvolgimento completo degli ospiti nell'ambiente creato. Un modo per aumentare la partecipazione diretta è tramite attività interattive che fanno parte della narrazione o dell'ambientazione. Gli ospiti possono essere invitati a interagire fisicamente con gli elementi scenici. Inoltre, lo chef o il personale può coinvolgere i partecipanti ad essere parte attiva in alcune fasi dell'esperienza, come la preparazione collettiva di un piatto o la condivisione di tecniche tradizionali legate all'identità culturale rappresentata nella cena.

4. Location Dinner: Nella Location Dinner, la partecipazione attiva può essere realizzata coinvolgendo gli ospiti nel contesto della location. Per esempio, in una cena organizzata in un vigneto, gli ospiti possono essere invitati a raccogliere ingredienti locali o a partecipare alla vendemmia, per poi utilizzarli durante la cena. Inoltre, possono partecipare a tour guidati della location, dove esperti o lo chef stesso spiegano la storia e la cultura del luogo, arricchendo l'esperienza con una dimensione educativa e partecipativa.

5. Narrative Dinner: La Narrative Dinner è una cena che si basa su una narrazione coerente e coinvolgente. La partecipazione diretta può essere stimolata invitando gli ospiti a interagire con la narrazione stessa. Gli ospiti possono essere coinvolti in ruoli simbolici nella storia, oppure possono partecipare a discussioni o momenti di riflessione collettiva durante la cena. In alternativa, si può offrire loro la possibilità di influenzare lo sviluppo della storia o la scelta dei piatti, magari collegando ciascuna portata a un capitolo della narrazione, dove gli ospiti votano o decidono quale direzione prendere.

6. Dinner Show: La Dinner Show offre un'ottima opportunità per coinvolgere attivamente gli ospiti nello spettacolo. Il pubblico può essere invitato a partecipare direttamente alle performance, che siano musicali, teatrali o artistiche, diventando parte integrante dello show. Inoltre, i momenti culinari possono essere resi partecipativi, per esempio con competizioni culinarie tra gli ospiti o la creazione collettiva di un piatto durante lo spettacolo, con il supporto dello chef.

7. Art Dinner: Nella Art Dinner, dove il cibo e l'arte si intrecciano, la partecipazione diretta può essere potenziata invitando gli ospiti a partecipare a workshop artistici dove realizzano piccole opere (come dipinti, sculture o installazioni) ispirate ai piatti o agli ingredienti utilizzati. L'interazione può avvenire anche attraverso interpretazioni collettive dell'arte e del cibo, dove i partecipanti sono incoraggiati a condividere le loro riflessioni sull'opera d'arte esposta e sui piatti serviti.

8. School Dinner: Nella School Dinner, la partecipazione diretta è fondamentale, poiché gli ospiti non solo assistono alla preparazione dei piatti, ma partecipano attivamente alla loro creazione. Gli ospiti imparano tecniche culinarie sotto la guida di chef esperti e sono incoraggiati a preparare i propri piatti, che successivamente vengono degustati insieme. In alcuni casi, possono anche essere coinvolti nella raccolta di ingredienti o nella scoperta di prodotti tipici del territorio, rafforzando così la connessione con il cibo e il territorio.

9. Wellness Dinner: Nella Wellness Dinner, l'esperienza può essere arricchita con attività che coinvolgono mente e corpo. Gli ospiti possono partecipare a sessioni di meditazione o yoga prima o dopo la cena, creando un forte legame tra il cibo e il benessere fisico e mentale.

10. Sustainable Dinner: Nella Sustainable Dinner, la partecipazione attiva può essere stimolata attraverso il coinvolgimento degli ospiti in attività che enfatizzano il valore della sostenibilità. Gli ospiti possono partecipare a workshop su pratiche sostenibili, come la riduzione degli sprechi alimentari o l'uso di ingredienti locali e biologici. Possono anche essere invitati a contribuire alla scelta del menu, magari suggerendo soluzioni per rendere l'esperienza ancora più sostenibile, come la scelta di piatti vegetariani o l'utilizzo di ingredienti di stagione.

Il principio della Partecipazione Diretta arricchisce quindi ogni tipo di Dinner Experience creando momenti di interazione e coinvolgimento attivo, che trasformano l'ospite da spettatore a parte integrante del processo.

Il principio della Partecipazione Diretta, applicato al caso di studio "Ricotta, Pani Cunzatu e Antiche Storie Siciliane", si realizza attraverso il coinvolgimento attivo dei partecipanti in alcuni momenti della preparazione dei piatti. Questi momenti possono variare a seconda della disponibilità della location e degli organizzatori, e potrebbero includere:

- Coinvolgimento degli ospiti nella produzione della ricotta fresca

- Condire personalmente il "pani cunzatu", aggiungendo autonomamente gli ingredienti come olio, "capuliato", origano, caciocavallo o altri messi a disposizione

- Stendere l'impasto per il pane o le focacce

- Arrostire in autonomia la salsiccia o fette di pane sulla brace

- Degustazione guidata di oli e formaggi

- Coinvolgimento dei partecipanti alle narrazione delle storie e delle antiche leggende chiedendo agli ospiti di contribuire con domande e riflessioni

- Raccogliere erbe aromatiche o altri prodotti da utilizzare durante la degustazione

- Partecipare a iniziative ludiche inserite per arricchire l'esperienza

Tutti gli esempi visti a proposito di School Dinner e quelli che vedremo come esempi associati al principio di apprendimento esperienziale, rientrano tra quelli da segnalare per questo principio, mi limito ad indicarne qui solo due diversi:

Cooking + Comedy (Chicago, USA)

Gli ospiti imparano a cucinare piatti gourmet in un ambiente divertente, partecipando attivamente alla preparazione del cibo con l'aiuto di chef professionisti, il tutto accompagnato da momenti comici che rendono l'esperienza ancora più coinvolgente e memorabile.

Link al sito web: https://getmeinthekitchen.com/

Fireside Chat and S'mores Gathering (USA)

Gli ospiti partecipano a una serata attorno al fuoco, preparando s'mores e condividendo storie personali. Questa interazione crea una forte connessione tra i partecipanti, rendendo la cena un momento intimo e coinvolgente.

Video: https://youtu.be/V58A2UevU_A?si=GjRh0yQ5Ag-8ET-A

Principio 6: Apprendimento esperienziale

Apprendimento Esperienziale: Il percorso esperienziale deve favorire l'apprendimento attivo attraverso la partecipazione diretta dei partecipanti. La Dinner Experience non è solo nutrimento, ma una possibilità di apprendere nuove tecniche di cucina, conoscere ingredienti in modo più approfondito e comprendere le connessioni tra il cibo e la cultura locale, stimolando la riflessione e l'esplorazione gastronomica.

Il Principio dell'Apprendimento Esperienziale nella Dinner Experience arricchisce l'esperienza gastronomica trasformandola in un momento di crescita personale e culturale, in cui i partecipanti non si limitano a gustare il cibo, ma imparano attraverso un coinvolgimento attivo. Questo approccio si basa sul modello dell'Experiential Learning[6] e si realizza attraverso una combinazione di attività pratiche, interazioni culturali e momenti di riflessione che coinvolgono i sensi e le emozioni. L'ospite diventa non solo un consumatore di cibo, ma anche un esploratore della cultura gastronomica locale, acquisendo nuove conoscenze attraverso l'esperienza diretta e il coinvolgimento attivo.

---

[6] L'apprendimento esperienziale è un modello di apprendimento basato sull'esperienza diretta, studiato da due grandi pedagogisti come John Dewey (1859-1952) e Jean Piaget (1896-1980) e dallo psicologo Kurt Zadek Lewin (1890-1947), ma che si è diffuso grazie a David Kolb (1939) che, sulla base degli studi precedenti, ha sviluppato la "teoria dell'apprendimento esperienziale".

Elementi chiave dell'Apprendimento Esperienziale nella Dinner Experience

- **Attività Mani-in**: Uno degli aspetti fondamentali dell'apprendimento esperienziale è il coinvolgimento pratico degli ospiti in attività concrete come la preparazione del cibo o la raccolta degli ingredienti. Queste attività permettono ai partecipanti di apprendere attraverso l'azione e la sperimentazione diretta. Esempio: In un contesto di Location Dinner in un vigneto o in una fattoria, gli ospiti possono essere invitati a partecipare alla vendemmia, imparando le tecniche di raccolta dell'uva, e successivamente assaporare il vino prodotto in loco.

- **Degustazioni Guidate**: Le degustazioni guidate sono un'opportunità per combinare la scoperta sensoriale del cibo con l'apprendimento teorico. Attraverso spiegazioni dettagliate sulle tecniche di produzione, le tradizioni locali e le caratteristiche sensoriali dei prodotti, gli ospiti non solo assaporano il cibo, ma comprendono il contesto culturale e storico che lo circonda. Esempio: Durante una Sensorial Dinner, lo chef può condurre una degustazione guidata di oli extravergini d'oliva, spiegando le differenze tra i vari tipi di olive e i metodi di estrazione.

- **Interazioni Culturali**: L'apprendimento esperienziale viene potenziato quando gli ospiti hanno la possibilità di interagire direttamente con la comunità locale, partecipando a tradizioni, cerimonie e attività culturali. Questo tipo di apprendimento permette di esplorare le radici culturali del cibo in modo più profondo e coinvolgente. Esempio: In una Narrative Dinner incentrata su un tema storico o culturale, gli ospiti possono partecipare a rievocazioni storiche o a cerimonie tradizionali legate alla cultura locale, imparando non solo attraverso il cibo ma anche attraverso l'interazione con attori o membri della comunità che spiegano le origini dei piatti e delle tradizioni.

Esperienze Sensoriali e Interattive nell'Apprendimento Esperienziale

L'apprendimento esperienziale nella Dinner Experience si manifesta anche attraverso un coinvolgimento multisensoriale, dove la vista, l'olfatto, il tatto e l'udito giocano un ruolo importante nell'apprendimento. Gli ospiti possono esplorare il cibo non solo attraverso il gusto, ma anche attraverso il contatto con ingredienti freschi, la manipolazione di utensili tradizionali e l'ascolto di storie culturali o di tecniche culinarie.

Ad esempio:

- **Toccare**: Durante una cena incentrata sull'artigianalità, gli ospiti possono toccare la materia prima utilizzata nella preparazione del cibo (farine, spezie, erbe) e imparare a distinguere le diverse consistenze e qualità.

- **Ascoltare**: Lo chef può accompagnare i piatti con suoni della preparazione o altri suoni coerenti con il tema proposto e legati cultura locale, offrendo una dimensione narrativa che arricchisce l'apprendimento.

- **Guardare**: In una cena come lo Show Cooking, gli ospiti imparano osservando da vicino le tecniche di cucina e le abilità dello chef, che spesso spiegano le loro azioni passo dopo passo.

Possiamo quindi arrivare alla conclusione che L'Apprendimento Esperienziale nella Dinner Experience va oltre il semplice assaggio del cibo, diventando un percorso educativo e multisensoriale che coinvolge attivamente i partecipanti. Attraverso attività pratiche, degustazioni guidate e interazioni culturali, gli ospiti acquisiscono nuove conoscenze in modo naturale e piacevole, trasformando il pasto in un momento di crescita personale e culturale.

L'**Apprendimento Esperienziale** è un elemento fondamentale per arricchire le diverse tipologie di Dinner Experience. Esso permette agli ospiti di imparare attivamente attraverso l'esplorazione del cibo, delle tecniche culinarie, delle tradizioni e della cultura locale. Ogni tipologia di Dinner Experience può essere associata al principio dell'apprendimento esperienziale, anche quelle che non hanno un carattere educativo intrinseco, integrando elementi che stimolino la conoscenza e la riflessione.

Abbiamo visto come questo è intrinseco in alcun tipologie di Dinner Experience ma rivediamo come è possibile rafforzare questo principio nelle diverse tipologie di Dinner Experience:

1. Show Cooking: Lo Show Cooking è una delle esperienze più dirette per l'apprendimento, poiché gli ospiti osservano e imparano tecniche culinarie direttamente dagli chef. Per arricchire questa esperienza, si possono introdurre momenti educativi, come la spiegazione degli ingredienti, delle tecniche usate e delle tradizioni locali legate al cibo preparato.

2. Sensorial Dinner: Una Sensorial Dinner offre un'ottima opportunità per educare gli ospiti sui diversi sensi coinvolti nel processo culinario. Si può aggiungere una dimensione di apprendimento guidata da esperti che spiegano come i sensi (gusto, olfatto, vista) influenzano la percezione del cibo. Esempio: Gli ospiti possono imparare come determinati profumi influenzano la percezione del gusto, oppure come la presentazione estetica di un piatto modifica l'esperienza sensoriale complessiva.

3. Immersive Dinner: Nella Immersive Dinner, l'apprendimento esperienziale può essere potenziato tramite narrazioni interattive che collegano il cibo con la cultura e la storia. Si può insegnare agli ospiti il valore storico e simbolico di certi piatti, oppure come la cultura gastronomica di una regione è influenzata dalla sua storia e geografia. Esempio: Un'immersione nella cultura culinaria di un paese può includere racconti sulle origini delle ricette tradizionali, con lo chef che spiega i cambiamenti apportati nel tempo.

4. Location Dinner: In una Location Dinner, il contesto del pasto fornisce l'opportunità di apprendere attraverso il contatto diretto con il luogo. Gli ospiti possono essere invitati a esplorare la location (ad esempio, una fattoria o un vigneto), imparando direttamente dagli agricoltori o dai produttori locali. Esempio: Gli ospiti possono partecipare a un tour guidato della fattoria, imparando a riconoscere le piante, i metodi di coltivazione biologica o le tecniche di vinificazione artigianale.

5. Narrative Dinner: In una Narrative Dinner, l'apprendimento avviene attraverso il racconto. Gli ospiti possono essere coinvolti in narrazioni che spiegano le origini culturali e storiche dei piatti serviti, con storie che stimolano la riflessione e la connessione con la cultura locale. Esempio: Durante una cena storica, ogni piatto può essere accompagnato da una narrazione che spiega la sua origine, il contesto storico e il suo significato simbolico, dando agli ospiti una comprensione più profonda della cucina come espressione culturale.

6. Dinner Show: Anche una Dinner Show può includere elementi di apprendimento. Lo spettacolo stesso può essere educativo, con momenti dedicati a spiegazioni culinarie o dimostrazioni di tecniche particolari. Esempio: Durante lo spettacolo potrebbero essere spiegate tecniche culinarie o per presentare una particolare cultura gastronomica, arricchendo l'esperienza degli ospiti con informazioni nuove e utili.

7. Art Dinner: In una Art Dinner, l'apprendimento avviene attraverso la connessione tra arte e cibo. Gli ospiti possono imparare come il cibo e l'arte si influenzano reciprocamente, esplorando l'estetica culinaria e la composizione visiva dei piatti.

8. School Dinner: Questa esperienza è completamente incentrata sull'apprendimento pratico, in cui gli ospiti partecipano attivamente alla preparazione dei piatti. Gli chef insegnano tecniche di cucina, e gli ospiti apprendono direttamente facendo. Esempio: Una cena incentrata su piatti regionali può includere un workshop dove gli ospiti imparano a fare la pasta fresca o altre preparazioni tradizionali, arricchendo la loro conoscenza delle tecniche culinarie.

9. Wellness Dinner: In una Wellness Dinner, l'apprendimento esperienziale è focalizzato su concetti di salute e benessere. Gli ospiti possono partecipare a discussioni o dimostrazioni su nutrizione, alimentazione consapevole, e su come il cibo può influenzare positivamente il corpo e la mente. Esempio: Un nutrizionista o uno chef può spiegare i benefici nutrizionali di ogni piatto, insegnando agli ospiti come preparare pasti equilibrati e nutrienti.

10. Sustainable Dinner: La Sustainable Dinner è un'opportunità perfetta per imparare su temi legati alla sostenibilità. Gli ospiti possono partecipare a workshop su agricoltura biologica, riduzione degli sprechi alimentari, o tecniche di coltivazione sostenibile. Esempio: Gli ospiti possono imparare a cucinare utilizzando ingredienti locali e di stagione, oppure partecipare a un laboratorio su come ridurre l'impatto ambientale nella preparazione del cibo.

Per applicare il principio dell'Apprendimento Esperienziale nel caso di studio "Ricotta, Pani Cunzatu e Antiche Storie Siciliane", l'obiettivo è offrire ai partecipanti non solo un pasto, ma anche una profonda comprensione del cibo e della cultura siciliana attraverso il coinvolgimento diretto e l'interazione pratica. Di seguito alcuni accorgimenti:

Attività Mani-in

- **Preparazione della ricotta**: Gli ospiti potrebbero partecipare attivamente alla produzione della ricotta calda, assistendo alla fase in cui il siero viene riscaldato e trasformato. Potrebbero anche aiutare a "raccogliere" la ricotta mentre viene formata, imparando le tecniche tradizionali che risalgono a secoli fa.

- **Preparazione del pani cunzatu**: I partecipanti possono essere coinvolti nel condire il pane da soli, scegliendo gli ingredienti (olio, pomodori secchi, caciocavallo, origano) e creando la propria versione del piatto. Questo li renderà consapevoli dell'importanza di ogni ingrediente e delle combinazioni di sapori tipiche della tradizione siciliana.

Degustazioni Guidate:

- **Degustazione di oli extravergini d'oliva e formaggi locali**: Oltre a gustare il pani cunzatu, si potrebbe organizzare una degustazione guidata di olio d'oliva. Un esperto potrebbe spiegare le diverse varietà di olive siciliane, i metodi di raccolta e la spremitura, così come le caratteristiche sensoriali dell'olio. Un altro esempio potrebbe essere la degustazione del caciocavallo e di altri formaggi siciliani, accompagnata da spiegazioni su come vengono prodotti e stagionati.

Interazioni Culturali

- **Rievocazioni storiche**: Durante l'esperienza, si potrebbe coinvolgere un narratore che racconta storie legate alla vita rurale siciliana, includendo aneddoti su come i contadini producevano la ricotta o le focacce, con riferimenti ai miti locali raccontati.

- **Esplorazione di antichi metodi di conservazione**: Durante il pasto, gli ospiti potrebbero imparare come venivano conservati alcuni alimenti, come la ricotta salata o i pomodori secchi. Si potrebbero mostrare vecchie tecniche di essiccazione e conservazione degli alimenti, spiegando l'importanza di questi metodi in una cultura contadina basata sull'autosufficienza.

Momenti di Riflessività

- **Connessione con la cultura locale**: Alla fine della cena, si potrebbe organizzare una discussione informale tra i partecipanti, gli organizzatori e altri esperti locali, per riflettere su quanto appreso. Questa interazione potrebbe includere domande sui legami tra cibo e cultura, o esplorare come la cucina siciliana si sia evoluta nel corso dei secoli, mantenendo però forti radici tradizionali.

Momenti di esplorazione naturale

- **Raccolta di erbe aromatiche**: Se l'esperienza si svolgesse all'aperto, gli ospiti potrebbero essere invitati a partecipare a una passeggiata durante la quale raccolgono erbe aromatiche locali (origano, rosmarino) che verranno poi utilizzate durante il pasto. Un esperto potrebbe spiegare l'importanza di queste erbe nella cucina siciliana e i loro usi tradizionali nella medicina popolare.

Ecco un elenco di Dinner Experience dove l'Apprendimento Esperienziale è parte integrante dell'evento:

Pasta Immersion Culinary Series – Yale Hospitality (USA)

Questa serie di eventi educativi presso Yale include laboratori pratici di preparazione della pasta, guidati da chef professionisti. Gli ospiti imparano la storia e le tecniche dietro la produzione della pasta e partecipano attivamente alla creazione di piatti come il *cacio e pepe* e il *ragù estivo*.

Link a sito web: https://hospitality.yale.edu/

Din Tai Fung – Dumpling Making Experience (Vari Paesi)

Questa esperienza interattiva permette agli ospiti di imparare a fare i famosi ravioli cinesi (*dumplings*), osservando gli chef all'opera e partecipando alla preparazione. Il coinvolgimento pratico è accompagnato da spiegazioni sulle tecniche tradizionali.

Link al sito web: https://dintaifungusa.com/

Mission Cheese – Cheese and Wine Pairing Classes (San Francisco, USA)

Mission Cheese offre esperienze educative in cui gli ospiti imparano a conoscere i formaggi artigianali e come abbinarli ai vini. Durante questi eventi, gli esperti spiegano il processo di produzione del formaggio e le pratiche sostenibili degli allevatori locali.

Video:

https://youtu.be/CpItObhupdI?si=PLN9NNi0w1ULOPhJ

The Culinary Institute of America (CIA) – USA

The Culinary Institute of America offre corsi di cucina e workshop sia per appassionati di cucina che per professionisti, permettendo loro di 'imparare facendo'. I partecipanti non solo apprendono tecniche culinarie, ma si immergono anche attivamente nella preparazione dei piatti, sperimentando direttamente ingredienti e tecniche.

Link all'istituto: https://www.ciachef.edu/

Link al video di presentazione: https://youtu.be/cQ7C4diTAFU

Traditional Japanese Tea Ceremony – Giappone

Traditional Japanese Tea Ceremony: Partecipazione a una cerimonia tradizionale del tè giapponese. I visitatori non solo osservano, ma partecipano anche attivamente, apprendendo abilità e tradizioni attraverso la pratica diretta.

Link al sito web: https://tea-ceremony-kyoto.com/

Video: https://youtu.be/ECZSY9iiSi4?si=nblJlxzz6pmO9vfb

The Irish Whiskey Experience - Irlanda

Un centro dedicato all'apprendimento dell'arte della degustazione del whiskey e della sua produzione. Oltre alle degustazioni guidate, i visitatori possono partecipare a corsi per creare la propria miscela di whiskey, imparando attraverso l'esperienza diretta.

Link al sito web: https://www.irishwhiskeyexperience.net/

Cucina e gusta

Cucina e gusta è una iniziativa proposta da un ristorante trentino dove è possibile accedere alla cucina per preparare, assieme allo chef e successivamente degustare, ricette locali.

Link alla scheda web:

https://www.itinerariesperienziali.it/directory-offerte/listing/cucina-e-gusta/

Principio 7: Approccio tematico

*Approccio Tematico: **Ogni percorso esperienziale dovrà essere costruito attorno a un tema che ne costituisce il filo conduttore**. Ogni Dinner Experience dovrebbe avere un tema coerente che guida il percorso gastronomico, che potrebbe variare dall'esplorazione di una specifica cucina regionale, a una serata dedicata alla cucina sostenibile, fino alla scoperta di sapori esotici e innovativi. Il tema offre una struttura narrativa all'esperienza.*

Il tema costituisce la base di partenza dell'esperienza, esso è il filo conduttore che indirizza la scelta dei piatti, ma influenza l'ambientazione, il design, la narrazione e le emozioni che si vogliono trasmettere agli ospiti, offrendo una struttura narrativa che guida l'intera esperienza.

Il tema è il primo elemento attrattivo che dovrà essere comunicato ai potenziali fruitori del percorso esperienziale. E' estremamente importante, in particolare per i percorsi culturali, che il tema sia scelto in armonia con i luoghi individuati ed il territorio di appartenenza.

L'approccio tematico è utilizzato ampiamente nel settore delle esperienze, non a caso è uno dei principali elementi della messa in scena delle esperienze (Il Teatro come modello dell'esperienza)[7].

---

[7] Ignazio Caloggero: Turismo e Marketing Esperienziale. 2023 Edizione Centro Studi Helios

Elementi Chiave dell'Approccio Tematico

Scelta del Tema: La scelta del tema è il primo passo cruciale. Deve essere rilevante e interessante per gli ospiti previsti, ma anche strettamente legato alla proposta gastronomica. Temi possibili includono l'esplorazione di una cucina regionale, la celebrazione di un evento storico, o la scoperta di tradizioni culinarie esotiche. Il tema deve essere capace di catturare l'immaginazione degli ospiti e di offrire una struttura narrativa che renda l'esperienza completa.

Elementi Scenografici e Design della Location: L'ambiente e la scenografia devono riflettere e amplificare il tema scelto. La coerenza visiva e la cura dei dettagli sono fondamentali per creare un'atmosfera coerente con il tema. Luci, colori, arredi, e persino la disposizione dei tavoli devono contribuire a far sentire gli ospiti parte di una storia.

Comunicazione del Tema: La promozione della cena deve riflettere chiaramente il tema, sia attraverso i materiali pubblicitari che attraverso il sito web o i social media. Una comunicazione efficace permette di attrarre il pubblico giusto e di preparare gli ospiti all'esperienza che vivranno. Il tema deve essere chiaro fin dal primo contatto, consentendo agli ospiti di comprendere il tipo di esperienza che li attende e creare anticipazione.

Programmazione Collaterale: Per arricchire l'esperienza e approfondire il tema, si possono organizzare eventi collaterali come conferenze, workshop o dimostrazioni culinarie. Questo non solo offre agli ospiti una comprensione più profonda del tema, ma aumenta il valore educativo dell'esperienza. Esempio: In una Sustainable Dinner, un workshop sulle pratiche di agricoltura sostenibile o una conferenza sui vantaggi del consumo di cibi locali può educare e coinvolgere maggiormente gli ospiti, integrando il tema della sostenibilità.

Ogni tipologia di esperienza può beneficiare dall'integrazione di un tema che guida il percorso gastronomico, amplificando il coinvolgimento e rendendo l'evento più memorabile. Di seguito, esploreremo come il principio dell'Approccio Tematico può essere applicato a ciascuna delle dieci tipologie di Dinner Experience.

1. Show Cooking: Un Show Cooking può essere arricchito da un tema legato alla tradizione culinaria, a una specifica tecnica di cucina, o a un ingrediente particolare. Il tema guida la narrazione dello chef, la selezione dei piatti e l'interazione con il pubblico.

2. Sensorial Dinner: Nelle Sensorial Dinner, il tema può essere costruito attorno ai cinque sensi, dove ogni portata stimola uno dei sensi in modo mirato. Il tema può anche essere legato a un viaggio sensoriale attraverso diversi paesi o epoche.

3. Immersive Dinner: Le Immersive Dinner possono utilizzare un tema che contribuisce a creare un ambiente che coinvolga totalmente i partecipanti. Il tema può essere ispirato a un mondo immaginario, a un periodo storico o a una celebrazione culturale, con ogni dettaglio – dai piatti alla scenografia – che rinforza l'immersione nel tema. Esempio: Una cena ispirata a Alice nel Paese delle Meraviglie, con ambientazioni fantastiche, piatti stravaganti e performance teatrali che coinvolgono gli ospiti in una storia surreale.

4. Location Dinner: In una Location Dinner, il tema deve essere strettamente legato al luogo scelto. Il contesto naturale, storico o culturale della location diventa parte integrante del tema e dell'esperienza. Esempio: Una cena in un vigneto toscano con un tema legato ai vini e ai prodotti locali. Gli ospiti degustano piatti abbinati ai vini prodotti nel vigneto, mentre apprendono le tecniche di vinificazione e la storia del territorio.

5. Narrative Dinner: La Narrative Dinner è di per sé costruita attorno a un tema narrativo. Ogni piatto rappresenta un capitolo della storia che viene raccontata, e il tema guida l'intera esperienza, dalla scelta dei piatti alla narrazione.

6. Dinner Show: Il tema in una Dinner Show è utile per integrare lo spettacolo e la gastronomia in un'unica narrazione. Il tema può spaziare da eventi culturali a mondi fantastici, con performance e piatti che seguono un unico filo conduttore.

7. Art Dinner: In una **Art Dinner**, il tema può essere legato a una corrente artistica o a un artista specifico. Ogni piatto può essere ispirato da un'opera d'arte, creando un dialogo tra l'arte visiva e la gastronomia.

8. School Dinner: Il tema di una School Dinner può essere legato a un tipo di cucina, a una tecnica specifica o a un ingrediente particolare. L'apprendimento pratico è guidato dal tema, che fornisce coerenza e struttura alla lezione culinaria.

9. Wellness Dinner: Il tema di una Wellness Dinner può essere legato alla salute e al benessere, con un focus su alimenti nutrienti e pratiche di benessere fisico e mentale. Ogni piatto riflette il tema della salute, con ingredienti scelti per il loro valore nutrizionale. Esempio: Una cena con un tema legato alla meditazione e al benessere, dove gli ospiti partecipano a sessioni di yoga o meditazione prima del pasto e gustano piatti bilanciati e nutrienti che seguono i principi della cucina ayurvedica.

10. Sustainable Dinner: La Sustainable Dinner è di per sé un'esperienza tematica, con un focus sulla sostenibilità ambientale. Il tema guida la scelta degli ingredienti, delle tecniche di cucina e persino del design della location, che riflette l'impegno per la sostenibilità. Esempio: Una cena a tema zero sprechi, dove ogni piatto è preparato utilizzando tutte le parti degli ingredienti, riducendo al minimo gli scarti e sensibilizzando gli ospiti sull'importanza della sostenibilità nella cucina.

Il principio dell'approccio tematico culturale è fondamentale nel caso di studio "Ricotta, Pani Cunzatu e Antiche Storie Siciliane", poiché il tema scelto funge da filo conduttore che unisce tutti gli aspetti dell'esperienza, offrendo una struttura narrativa chiara e coerente. Ecco alcuni elementi presi in considerazione:

- **Tema Centrale: Le Antiche Storie Siciliane:** Il tema principale dell'esperienza è incentrato sulle tradizioni culinarie siciliane e sulle storie antiche che accompagnano i piatti serviti. Il titolo stesso – "Ricotta, Pani Cunzatu e Antiche Storie Siciliane" – introduce gli ospiti a un viaggio nel tempo, in cui il cibo si intreccia con la storia, le leggende e i miti siciliani. Questo tema guida non solo la scelta dei piatti, ma anche la narrazione che accompagna ogni portata, trasportando i partecipanti in un mondo antico, dove ogni piatto racconta una storia che si collega alle altre.

- **Influenza sulla Scelta dei Piatti:** Tutti i piatti del menù – dalla ricotta calda al pani cunzatu, dalla salsiccia di maiale alla caponata – sono selezionati per la loro forte connessione con la tradizione siciliana e il territorio locale. Ogni piatto è intriso di storia e legato a un contesto specifico, che viene narrato durante l'esperienza, rafforzando il tema. Ad esempio, la ricotta e il pani cunzatu non sono solo piatti tipici, ma veicoli per raccontare la vita pastorale siciliana e le sue antiche tradizioni.

- **Ambientazione:** Il tema guida anche l'allestimento dell'ambiente. Che si tratti di una masseria o di una location evocata artificialmente (come in una Narrative Dinner), l'ambiente dovrà riflettere la Sicilia rurale di un tempo. L'uso di stoviglie tradizionali come ceramica o terracotta, che richiamano la cultura siciliana, e tovaglie fatte di antichi tessuti o altri materiali naturali, insieme a un'illuminazione soffusa, contribuiscono a ricreare un'atmosfera autentica che rende il tema più tangibile e immersivo. Le decorazioni, i materiali e l'arredamento dovranno evocare il mondo contadino siciliano, rendendo l'esperienza coerente e coinvolgente.

- **Narrazione e Coinvolgimento Culturale:** L'approccio tematico consente di inserire momenti di narrazione durante l'esperienza, dove si raccontano leggende, miti e storie legate ai piatti. La ricotta, ad esempio, non viene semplicemente servita, ma è collegata a miti antichi, come quelli legati alla vita pastorale della Sicilia, che vengono narrati per coinvolgere emotivamente i partecipanti. Ogni piatto diventa una porta di accesso a un racconto che svela segreti e tradizioni secolari.

- **Coerenza dell'Esperienza:** Grazie a questo approccio tematico, l'intera Dinner Experience risulta coerente e ben strutturata. Ogni elemento – dal cibo, alla location, alla narrazione – converge verso lo stesso tema, creando un'esperienza armoniosa e immersiva per gli ospiti.

Ecco un elenco di Dinner Experience a carattere tematico dove l'Approccio Tematico è evidente:

Barbie Cafè, Taipei (Taiwan)

Ristorante a tema, con licenza dalla Mattel, la casa produttrice delle Barbie, attira l'attenzione per il suo design e l'atmosfera completamente immersi nel mondo di Barbie. Il ristorante presenta anche una gigantesca scatola di Barbie che permette ai clienti di sentirsi come una Barbie a grandezza naturale. Le cameriere indossano tutù e tiare, mentre i loro colleghi maschi cercano di assomigliare a Ken, il fidanzato di Barbie.

Link alla scheda web:

https://www.itinerariesperienziali.it/directory-offerte/listing/barbie-cafe-taipei-taiwan/

Video: https://youtu.be/8H6CIsJCQXw?si=Iy1rOFulg71N8as-

Wilde Bar &Restaurant – Chicago

Bar a carattere tematico ispirato a Osca Wilde, sul caminetto è presente il ritratto di **Oscar Wilde** realizzato da **Andy Warhol.**

Link alla scheda web

https://www.itinerariesperienziali.it/directory-offerte/listing/wilde-bar-restaurant-chicago/

Principio 8: Approccio estetico

Approccio Estetico. La Dinner Experience pone particolare attenzione all'estetica complessiva dell'esperienza, curando dettagli come la presentazione dei piatti, l'arredamento, l'illuminazione, i colori e i materiali utilizzati, affinché ogni elemento contribuisca a creare un'atmosfera armoniosa e piacevole, elevando l'esperienza culinaria attraverso il senso del "bello".

Il concetto di estetica è strettamente legato all'idea di ciò che percepiamo come bello e piacevole attraverso i nostri sensi. Nell'ambito della Dinner Experience, l'estetica è una componente chiave per creare un'atmosfera che stimoli i sensi e coinvolga emotivamente i partecipanti, offrendo loro un'esperienza che va oltre il semplice pasto.

L'approccio estetico va oltre la pura estetica visiva; abbraccia un'esperienza multisensoriale, dove ogni dettaglio contribuisce a creare un ambiente che sia coerente, armonioso e capace di generare un legame emotivo con l'evento. Dal design degli spazi alla presentazione dei piatti, ogni elemento deve essere pensato per supportare il tema dell'esperienza e stimolare i partecipanti senza sovraccaricarli.

Elementi Chiave dell'Approccio Estetico nella Dinner Experience

- **Design degli Spazi**: Il **design degli spazi** deve essere studiato per valorizzare l'intera esperienza culinaria, creando un ambiente che stimoli i sensi e contribuisca all'atmosfera. La luce, ad esempio, gioca un ruolo cruciale: può essere morbida e calda per creare un'atmosfera intima, oppure più dinamica e vibrante per un'esperienza energica e vivace. Anche i materiali utilizzati, come il legno, il marmo o i tessuti naturali, possono influenzare la percezione estetica e sensoriale degli ospiti.

- **Scenografia e Narrativa Visiva**: La scenografia è parte integrante dell'esperienza estetica e va oltre la semplice decorazione. Essa deve raccontare una storia coerente con il tema, utilizzando colori, forme, oggetti e spazi che trasmettono un messaggio visivo. In una Dinner Experience, la scenografia può coinvolgere elementi come decorazioni a tema, centrotavola arredo e performance visive che si integrano con l'esperienza gastronomica. Esempio: In una cena a tema fiabesco, la scenografia potrebbe includere dettagli fantastici come alberi illuminati, tavoli che sembrano uscire da una fiaba e piatti presentati come piccole opere d'arte, creando una narrativa visiva che accompagna l'intera esperienza.

- **Coerenza Tematica**: La coerenza tematica è cruciale affinché tutti gli elementi estetici – dai piatti alla location – siano in armonia tra loro. Ogni dettaglio deve essere in linea con il tema scelto per evitare incongruenze che potrebbero distrarre gli ospiti. Dalla scelta dei colori agli accessori, tutto deve contribuire a raccontare la storia che si intende trasmettere.

Equilibrio ed Eliminazione delle Distrazioni:

L'approccio estetico non si limita all'aggiunta di elementi, ma prevede anche l'eliminazione delle distrazioni. È fondamentale mantenere un equilibrio tra tutti gli aspetti visivi e sensoriali per evitare che l'esperienza diventi sovraccarica o caotica. Elementi di disturbo, come rumori esterni o illuminazione inappropriata, devono essere ridotti al minimo per consentire agli ospiti di concentrarsi pienamente sul pasto e sull'atmosfera. Esempio: In una Sensorial Dinner, dove l'obiettivo è stimolare i sensi in modo equilibrato, è importante che non ci siano elementi che possano distrarre o sopraffare. Ad esempio, un'eccessiva luminosità o un rumore di fondo troppo forte potrebbero disturbare l'attenzione e l'immersione dei partecipanti.

L'interconnessione tra i principi di multisensorialità, immersione e approccio estetico è fondamentale per creare un'esperienza coerente, coinvolgente e memorabile. Questi tre principi non funzionano in modo isolato, ma sono strettamente legati tra loro, con l'estetica che gioca un ruolo chiave nell'armonizzare e orchestrare i vari stimoli sensoriali, portando l'ospite a un livello di coinvolgimento totale.

Multisensorialità e Approccio Estetico

Il principio di multisensorialità si riferisce al coinvolgimento di più sensi – vista, udito, olfatto, gusto e tatto – per arricchire l'esperienza culinaria. Tuttavia, l'efficacia di questa stimolazione multisensoriale dipende in gran parte dall'approccio estetico che guida la disposizione armonica di questi stimoli.

- **Vista**: La presentazione visiva dei piatti, la disposizione degli elementi decorativi, e l'illuminazione influenzano fortemente l'esperienza. L'approccio estetico coordina questi elementi visivi per creare un ambiente che sia non solo bello, ma che contribuisca a migliorare la percezione del cibo.

- **Udito**: I suoni ambientali giocano un ruolo essenziale nell'esperienza multisensoriale. Tuttavia, la loro efficacia dipende dall'integrazione con il contesto estetico. Suoni naturali o musica di sottofondo sono scelti in modo da completare l'atmosfera e non creare distrazioni, elevando così l'esperienza complessiva.

- **Olfatto**: Anche i profumi hanno una funzione chiave nella multisensorialità. L'approccio estetico definisce come diffondere i profumi nell'ambiente in modo delicato e coerente, senza sovraccaricare gli ospiti. Ad esempio, un profumo di erbe aromatiche o fiori freschi può richiamare un tema stagionale o culturale, armonizzandosi con i piatti.

Immersione e Approccio Estetico

Il principio dell'immersione si basa sull'idea di assorbire completamente i partecipanti all'interno dell'esperienza, facendoli sentire parte di un mondo coerente e unico. Questo livello di coinvolgimento è possibile solo se l'approccio estetico cura ogni dettaglio per creare un ambiente che "avvolga" gli ospiti, senza interruzioni.

- **Scenografia**: L'estetica visiva si traduce in scenografie che rafforzano il tema dell'esperienza, senza essere invadenti. Una disposizione ben studiata dei tavoli, la coerenza tra gli arredi e il tema culinario, e l'integrazione della location con il contesto visivo sono tutti elementi che aumentano l'immersione. Per esempio, una cena in un vigneto potrebbe includere tavoli con decorazioni naturali e viti pendenti, creando un continuum tra ambiente e piatti serviti.

- **Armonia degli elementi**: Per raggiungere un'immersione totale, l'approccio estetico deve garantire che tutti gli elementi – luce, suono, odore e arredamento – siano in sintonia. L'illuminazione, per esempio, può cambiare a seconda dei piatti serviti o delle diverse fasi della cena, aiutando gli ospiti a immergersi gradualmente in un'esperienza più profonda. Senza questa attenzione ai dettagli estetici, il rischio è che l'immersione risulti superficiale e gli ospiti possano essere distratti da incongruenze nell'ambiente.

L'Estetica come Collante

Come evidenziato, l'approccio estetico è il collante che unisce la multisensorialità e l'immersione, evitando che l'esperienza risulti frammentata o caotica. Un'esperienza multisensoriale, se non ben orchestrata dal punto di vista estetico, rischia di diventare eccessiva o disordinata, mentre una mancanza di coerenza estetica può impedire all'immersione di essere davvero efficace. Esempio pratico: Immagina una cena a tema orientale, dove la musica tradizionale accompagna delicatamente i piatti speziati e il profumo di incenso si diffonde nell'aria. Senza una cura estetica, come l'illuminazione appropriata o l'uso di stoviglie che richiamano l'artigianato orientale, i vari elementi sensoriali potrebbero risultare scollegati o addirittura fastidiosi. Invece, quando ogni stimolo è armonizzato esteticamente, l'esperienza diventa coinvolgente e memorabile.

Ricotta, Pani Cunzatu e Antiche Storie Siciliane

Nel caso di studio "Ricotta, Pani Cunzatu e Antiche Storie Siciliane", l'Approccio Estetico gioca un ruolo significativo nell'esperienza, elevando l'evento oltre il semplice consumo di cibo. Questo avviene attraverso una cura attenta dei dettagli estetici che coinvolgono tutti i sensi, contribuendo a creare un'atmosfera armoniosa. Ecco come il principio estetico si applica al nostro caso di studio:

1. **Design degli Spazi**: L'ambiente in cui si svolge l'esperienza, sia esso una masseria autentica o una location appositamente allestita, riflette la ruralità siciliana, con un focus su materiali tradizionali come legno, ceramica e tessuti naturali. L'illuminazione, calda e soffusa, evoca un'atmosfera accogliente e intima, valorizzando l'esperienza e trasmettendo un senso di autenticità. L'uso di stoviglie artigianali in terracotta o ceramica, insieme a tovaglie e tovaglioli di lino o altri tessuti naturali, contribuisce a creare una percezione di bellezza e tradizione.

203

2. **Presentazione dei Piatti**: Ogni piatto viene curato nella presentazione per riflettere la cultura e la storia siciliana. La disposizione degli ingredienti, i colori naturali e la composizione dei piatti, come il "pani cunzatu" e la ricotta, non solo stimolano l'appetito, ma offrono anche un'esperienza visiva che rievoca l'antica vita pastorale.

3. **Scenografia e Narrativa Visiva**: La scenografia dell'esperienza richiama l'antica Sicilia contadina, con decorazioni e allestimenti che richiamano miti e leggende locali. Gli oggetti utilizzati e la disposizione degli spazi riflettono la tradizione siciliana, creando una coerenza narrativa che trasporta i partecipanti in un tempo passato. Anche i colori utilizzati nella decorazione, come i toni caldi della terra e del legno, rafforzano l'armonia estetica.

In questo modo, l'Approccio Estetico contribuisce a trasformare "Ricotta, Pani Cunzatu e Antiche Storie Siciliane" in un'esperienza estetica, dove la bellezza visiva e la coerenza narrativa si uniscono per creare un evento realmente esperienziale.

Alcuni esempi:

Ristorante Sirocco, Bangkok (Thailandia)

In questo caso il principio legato all'approccio estetico è conseguenza sia di un ambiente creato ad anche ma anche dal panorama; infatti, lo Sirocco Sky Bar è un ristorante di Bangkok considerato il "più alto" ristorante all'aperto del mondo. Situato al 63° il locale offre ai propri clienti panorami mozzafiato, un'emblematica e spettacolare cupola e cibo preparato da alcuni fra gli chef più eclettici d'Asia. Il design del locale è ispirato alle atmosfere mediterranee.

Scheda web:

https://www.itinerariesperienziali.it/directory-offerte/listing/ristorante-sirocco-bangkok-thailandia/

Video:

https://youtu.be/KAd2wgwNj_0?si=pNW1pwnx4qeyFxCt

Ristorante Joel Robuchon - Las Vegas

L'ambiente è stato creato ad arte in modo assomigliare a una lussuosa residenza in stile Art Déco, completa di un lussureggiante giardino terrazzato e pavimenti in marmo. Particolare cura è posta a tutti i dettagli compreso la riproduzione di musica classa e una attenzione minuziosa all'impiattamento.

Scheda web:

https://www.itinerariesperienziali.it/directory-offerte/listing/ristorante-joel-robuchon-las-vegas/

Video:

https://youtu.be/tIVfueMB784?si=kGHcgPA2j75LxQuK

Ristorante Kitcho Arashiyama Honten, Kyoto

Il ristorante non usa alta tecnologia ma punta su un atmosfera che esalta la bellezza degli ambiente realizzati rispettando la cultura giapponese. Ognuna delle sue sette sale da pranzo ha una vista su un giardino giapponese, con uno scenario che cambia con le stagioni, leggermente diverso di giorno in giorno, contribuendo a creare un'esperienza culinaria davvero unica nel suo genere.

Scheda web:

https://www.itinerariesperienziali.it/directory-offerte/listing/ristorante-kitcho-arashiyama-honten-kyoto/

Video:

https://youtu.be/iZpxzfMkVzM?si=cVlIGnq-KsKBvKMS

Hotel Eremito – Vacanze in Monastero

Eremito è un luogo mistico, il senso di estetica è legato al luogo, le valli umbre in cui è immerso amplifica il senso di spiritualità dell'l'Hotel ma anche conseguenza della cura con cui è stato progettato l'intero percorso di ospitalità.

Scheda web

https://www.itinerariesperienziali.it/directory-offerte/listing/hotel-eremito-vacanze-in-monastero/

Video:

https://youtu.be/8IXwSmIqhcc?si=vvLW5phpJGtVKho9

Principio 9: Intrattenimento

Intrattenimento: Il percorso esperienziale dovrebbe includere momenti di intrattenimento che arricchiscono l'esperienza. La Dinner Experience può essere arricchita da interventi artistici, musicali o da performance legate alla gastronomia (come show cooking), rendendo il pasto non solo un piacere culinario, ma anche un momento di svago e divertimento.

L'esperienza dovrebbe anche prevedere dei momenti di intrattenimento che arricchiscono e rendono piacevole l'esperienza culinaria. L'intrattenimento può assumere diverse forme, aggiungendo valore e diversificazione all'offerta enogastronomica.

L'integrazione di attività divertenti e artistiche all'interno di un percorso enogastronomico permette agli ospiti di vivere un'esperienza più completa, che stimola non solo il gusto, ma anche l'immaginazione e l'emozione.

L'intrattenimento non deve essere invasivo, ma ben integrato nel tema e nell'ambiente della cena, offrendo agli ospiti momenti di svago, relax e divertimento che si fondono armoniosamente con l'esperienza gastronomica.

Elementi Chiave dell'Intrattenimento nella Dinner Experience

- **Attività Divertenti**: Integrare attività ludiche durante la cena permette agli ospiti di rilassarsi e divertirsi. Queste attività possono includere giochi a tema, concorsi culinari, quiz o sfide legate al cibo. Questi momenti alleggeriscono l'atmosfera e stimolano l'interazione tra i commensali.

- **Spettacoli ed Esibizioni**: Performance dal vivo come musica, danza o teatro arricchiscono l'esperienza, stimolando i sensi e creando un'atmosfera speciale. Gli spettacoli possono essere collegati al tema della cena o offrire momenti di intrattenimento autonomo.

- **Interazioni Leggere**: Le interazioni leggere e giocose possono facilitare la socializzazione tra gli ospiti. Si possono organizzare attività che incoraggiano la conversazione, come giochi di squadra o piccole sfide culinarie, in cui i partecipanti devono lavorare insieme.

- **Sorprese Piacevoli**: Introdurre elementi sorpresa può stupire gli ospiti, creando momenti inaspettati che arricchiscono l'esperienza. Queste sorprese possono variare da un piatto speciale non annunciato, a uno spettacolo improvvisato o a un ospite speciale che si unisce all'evento. Esempio: In una cena a tema cinematografico, potrebbe apparire un ospite vestito da celebrità o personaggio famoso, creando un momento di sorpresa e divertimento per i partecipanti.

Ogni tipologia di cena può beneficiare dell'integrazione di elementi di intrattenimento, personalizzati per armonizzarsi con il tema e l'ambiente, stimolando l'interazione e creando un'atmosfera divertente e dinamica.

1. Show Cooking: Lo Show Cooking è già un'esperienza incentrata sull'intrattenimento, poiché gli ospiti osservano lo chef all'opera. Tuttavia, è possibile aggiungere ulteriori elementi di spettacolo culinario, come l'uso di tecniche particolarmente visive (es. flambé) o la preparazione di piatti complessi in diretta.

2. Sensorial Dinner: In una Sensorial Dinner, l'intrattenimento può essere costruito attorno alla stimolazione dei sensi. Ad esempio, accompagnare la degustazione con musica dal vivo o suoni ambientali specifici, come il rumore del mare o il canto degli uccelli, che richiamano i sapori del piatto. Esempio: Un'esperienza in cui ogni portata è accompagnata da effetti sonori e visivi che accentuano i sapori e creano un'atmosfera più coinvolgente.

3. Immersive Dinner: L'Immersive Dinner si presta all'integrazione di elementi di intrattenimento teatrale. Attori possono interpretare personaggi del tema scelto, interagendo con gli ospiti e guidandoli attraverso la narrazione della serata. Esempio: In una cena a tema "Il Grande Gatsby", gli attori potrebbero vestire i panni di personaggi degli anni '20, creando scenari di interazione diretta con gli ospiti, accompagnati da musica jazz dal vivo.

4. Location Dinner: In una Location Dinner, l'intrattenimento può essere direttamente legato al contesto della location. Se la cena si svolgesse in una tenuta storica, si potrebbe organizzare una rappresentazione teatrale in costume, o un'esibizione musicale che richiami l'epoca del luogo. Esempio: Una cena in un castello medievale potrebbe includere spettacoli di falconeria o musica d'epoca eseguita con strumenti storici.

5. Narrative Dinner: Nella Narrative Dinner, il racconto è l'intrattenimento centrale. Gli ospiti vengono guidati attraverso una storia che si sviluppa lungo tutta la cena, con momenti narrativi che introducono ogni portata e rendono l'esperienza più dinamica.

6. Dinner Show: La Dinner Show è, per definizione, basata sull'intrattenimento. Il cibo è solo una parte dell'esperienza, arricchita da performance artistiche, come numeri di magia, spettacoli di danza o esibizioni circensi. Esempio: Un dinner show a tema circo, dove trapezisti e giocolieri intrattengono gli ospiti durante il pasto, con un'interazione continua tra il cibo e lo spettacolo.

7. Art Dinner: In una Art Dinner, l'intrattenimento può includere performance artistiche dal vivo, come la creazione di un'opera d'arte in tempo reale o una mostra interattiva. Gli ospiti possono partecipare alla creazione di un'opera collettiva, rendendo l'arte parte attiva della cena. Esempio: Un artista potrebbe dipingere una tela ispirata ai piatti serviti durante la cena, con gli ospiti invitati a contribuire con pennellate per creare un'opera condivisa.

8. School Dinner: In una School Dinner, l'intrattenimento può derivare dall'aspetto educativo. Lo chef o un esperto possono tenere dimostrazioni o mini-lezioni tra una portata e l'altra, spiegando tecniche di cucina o ingredienti particolari. Esempio: Gli ospiti potrebbero essere coinvolti in una gara di cucina o in una sfida a squadre, dove devono replicare un piatto presentato dallo chef.

9. Wellness Dinner: In una Wellness Dinner, l'intrattenimento dovrebbe essere orientato al benessere e al relax. Sessioni di meditazione, yoga, o brevi interventi di esperti di benessere potrebbero arricchire l'esperienza.

10. Sustainable Dinner : In una Sustainable Dinner, l'intrattenimento può includere workshop o dimostrazioni che sensibilizzano gli ospiti sui temi della sostenibilità. Attività come la preparazione di piatti senza sprechi o la partecipazione a un mercato dei produttori locali possono arricchire l'esperienza. Esempio: Un esperto di agricoltura biologica potrebbe spiegare agli ospiti come utilizzare ogni parte degli ingredienti per ridurre gli sprechi, con dimostrazioni pratiche di cucina sostenibile.

Nel caso di studio "Ricotta, Pani Cunzatu e Antiche Storie Siciliane", l'intrattenimento potrà essere utilizzato per arricchire e completare l'esperienza enogastronomica, rendendola più dinamica e coinvolgente. Il progetto prevede momenti di musica dal vivo, attività ludiche e racconti di miti e leggende che, sotto forma di cunti e storytelling, accompagneranno i partecipanti durante tutto il percorso gustativo, mantenendo l'atmosfera leggera e piacevole.

- **Musica Tradizionale Siciliana dal Vivo**: Durante l'esperienza, momenti musicali con strumenti tradizionali animeranno l'ambiente, creando un accompagnamento sonoro che riflette l'anima e le tradizioni siciliane.

- **Cunti e Storytelling**: Gli antichi **cunti siciliani**, racconti orali tramandati di generazione in generazione, saranno un elemento chiave dell'intrattenimento. Un cantastorie o narratore guiderà gli ospiti attraverso le leggende e i miti locali, come quelli legati alla produzione della ricotta e del pani cunzatu, integrando la narrazione con la presentazione dei piatti. Questo stimolerà l'immaginazione dei partecipanti, collegando cibo e cultura in modo profondo.

- **Attività Ludiche**: Per rendere l'esperienza ancora più interattiva e divertente, verranno organizzate attività ludiche tradizionali, come giochi tipici siciliani o quiz sulla storia e le tradizioni locali. Questi momenti creeranno un'atmosfera conviviale, incoraggiando gli ospiti a partecipare attivamente e a connettersi tra di loro.

Be Good Restaurant & Experience (Temecula, California)

Questa esperienza combina cibo e vari tipi di intrattenimento, tra cui spettacoli di magia, serate di commedia dal vivo, e persino misteri con omicidi da risolvere. Gli ospiti possono godersi una cena mentre partecipano a un'esperienza interattiva, come risolvere un crimine o assistere a una performance magica.

Link al sito web: https://begoodrestaurants.com/

Sleigh Ride Dinner (Big Sky, Montana)

Gli ospiti possono godersi una cena dopo un giro in slitta attraverso un paesaggio innevato. L'evento è accompagnato da musica dal vivo e un pasto rustico servito in una cabina immersa nella natura.

Link al sito web: https://lonemountainranch.com/

Cabaret Restauranty Show, Bogotà - Santa Bárbara

Il 'Cabaret Restaurante Show', situato a Bogotà nel quartiere di Santa Bárbara, offre spettacoli e intrattenimenti che, riflettendo la cultura e le tradizioni locali, possono considerarsi unici.

Link alla scheda web:

https://www.itinerariesperienziali.it/directory-offerte/listing/cabaret-restauranty-show-bogota-santa-barbara/

Video: https://youtu.be/iZyKU3e1pzs?si=dsl6CYclQQAEmUV

Ristorante Maison – Milano

Il Maison offre un'esperienza di cena combinata con spettacoli di intrattenimento. Maison Milano crea uno spettacolo ogni sera, offrendo varietà di intrattenimenti come burlesque, circo, musica dal vivo e altri tipi di spettacolo.

Link alla scheda web:

https://www.itinerariesperienziali.it/directory-offerte/listing/ristorante-maison-milano/

Video: https://youtu.be/HGXd4cpzly0?si=XGT_pa6X5-g0c9dA

Twisted Circus – esibizione al Cafe de Paris

Il Café de Paris è un night club di Londra situato su Coventry Street, nel West End ospita spesso lo spettacolo di Twisted Circus costituito da acrobazie aeree, giochi del fuoco, trampolieri ed altre forme di intrattenimento.

Link alla scheda web:

https://www.itinerariesperienziali.it/directory-offerte/listing/twisted-circus-esibizione-al-cafe-de-paris/

Video:

https://youtu.be/583cQ_vfUhE?si=eKlP8b8NWdL1FXIK

Principio 10: Immersione

Immersione. *Il principio di immersione è un elemento chiave della Dinner Experience, risultante dall'applicazione sinergica dei principi di multisensorialità, partecipazione diretta, approccio estetico e tematico. L'immersione non è solo un effetto scenografico, ma il frutto di una progettazione accurata che coinvolge i partecipanti in un'esperienza emotiva, sensoriale e intellettuale completa, rendendo la cena un evento che coinvolge a livello profondo tutti i sensi e le emozioni.*

Il principio di immersione si basa sulla creazione di esperienze che coinvolgono gli ospiti a un livello profondo, sia sensoriale che emotivo.

L'immersione in una Dinner Experience si ottiene attraverso la progettazione accurata di un ambiente che coinvolge profondamente i partecipanti. Non si tratta solo di effetti scenografici o tecnologici, ma di una connessione emotiva con la storia, il contesto, e il cibo stesso. Questa connessione permette agli ospiti di sentirsi parte integrante dell'esperienza, non come semplici spettatori, ma come co-protagonisti. L'obiettivo finale dell'immersione è creare una sorta di fusione tra la realtà e la narrazione, facendo sì che gli ospiti dimentichino il mondo esterno e si immergano completamente nell'universo tematico della cena.

Elementi chiave dell'Immersione nella Dinner Experience

- **Ambienti Tematici:** Creare ambienti che rispecchiano pienamente il tema scelto è il primo passo verso l'immersione. Ogni dettaglio visivo – dai materiali usati all'arredamento, dall'illuminazione alla decorazione – deve contribuire a costruire un'atmosfera coerente e suggestiva. Un ambiente tematico non è semplicemente un contorno, ma un vero e proprio amplificatore dell'esperienza che aiuta gli ospiti a entrare nel mondo narrativo.

- **Tecnologia Immersiva:** La tecnologia può giocare un ruolo chiave nell'arricchire l'esperienza immersiva. Strumenti come la realtà aumentata (AR) o la proiezione interattiva possono essere usati per amplificare le sensazioni degli ospiti e portarli in mondi che non potrebbero essere ricreati solo fisicamente. Proiezioni 3D o i suoni surround possono essere utilizzati per creare scenari in movimento che cambiano a seconda delle portate. Esempio: In una cena multisensoriale, ogni portata potrebbe essere accompagnata da proiezioni sulle pareti che rappresentano l'origine del piatto, come una giungla tropicale o un mercato orientale, arricchendo il senso di viaggio gastronomico.

- **Narrativa Coinvolgente:** La narrazione è uno degli strumenti più potenti per creare immersione. Una storia ben strutturata guida gli ospiti attraverso l'esperienza, dando un contesto ai piatti serviti e all'ambiente. Ogni portata può rappresentare un capitolo della storia, con un climax culinario che coinvolge emotivamente i partecipanti. Esempio: Durante una cena dedicata alla storia di un esploratore, ogni piatto potrebbe rappresentare una tappa del suo viaggio, con il personale che introduce ogni portata come un episodio chiave dell'avventura.

- **Interazioni Autentiche:** L'immersione diventa completa quando gli ospiti possono interagire con l'ambiente e con le persone in modo autentico. Queste interazioni non devono essere forzate, ma fluide e in linea con il tema. Ad esempio, lo staff potrebbe essere vestito in costumi d'epoca e recitare piccoli ruoli, invitando gli ospiti a prendere parte alla storia o all'evento. Esempio: In una cena a tema storico, i camerieri potrebbero comportarsi come personaggi del tempo, servendo i piatti e raccontando aneddoti legati all'epoca, creando così un'interazione continua con gli ospiti.

Immersione e Sinergia con gli Altri Principi Esperienziali

L'**immersione** è il risultato dell'applicazione combinata di altri principi esperienziali:

- **Multisensorialità**: Coinvolgendo tutti i sensi, l'esperienza diventa più profonda. Vista, udito, olfatto e tatto lavorano insieme per costruire un mondo completo attorno agli ospiti.

- **Partecipazione Diretta**: Gli ospiti non sono passivi, ma prendono parte all'esperienza, interagendo con lo chef, gli attori o l'ambiente.

- **Approccio Estetico**: La cura dei dettagli estetici è fondamentale per costruire un ambiente che sia credibile e che supporti il tema scelto.

- **Approccio Tematico**: Il tema fornisce la struttura narrativa che guida l'intera esperienza, permettendo agli ospiti di "entrare" in una storia e di viverla in prima persona.

Il principio di immersione rappresenta il culmine di una progettazione esperienziale ben riuscita. Coinvolgendo i partecipanti a livello sensoriale, emotivo e intellettuale, trasforma una cena in un'esperienza totalizzante che supera il semplice atto di mangiare, portando gli ospiti in un viaggio che coinvolge tutti i loro sensi. La perfetta combinazione di ambiente, narrazione, tecnologia e interazione autentica permette di creare un evento memorabile, in cui l'ospite è totalmente assorbito e parte integrante dell'esperienza.

Ogni tipologia di cena può essere resa più immersiva attraverso l'integrazione di elementi che coinvolgono gli ospiti su più livelli, permettendo loro di partecipare attivamente e di vivere un'esperienza totalizzante che li trasporta in un mondo diverso.

Vediamo come il principio dell'immersione può essere applicato a ciascuna delle dieci tipologie di Dinner Experience.

1. Show Cooking: L'immersione in uno Show Cooking può essere ottenuta attraverso l'interazione diretta tra chef e ospiti, trasformando la cucina in una performance. L'utilizzo di tecniche spettacolari, come il flambé o la preparazione di piatti complessi in tempo reale, cattura l'attenzione e coinvolge i partecipanti.

2. Sensorial Dinner: La Sensorial Dinner si presta particolarmente all'immersione attraverso la stimolazione multisensoriale. Gli ospiti possono essere coinvolti in un viaggio sensoriale in cui suoni, luci, profumi e gusti lavorano insieme per creare un'esperienza completa. L'immersione si ottiene integrando effetti visivi, musicali e olfattivi che completano e amplificano l'esperienza gastronomica. Esempio: Proiezioni che accompagnano i piatti, suoni ambientali che richiamano il contesto del cibo, o persino profumi diffusi nell'aria per intensificare le sensazioni.

3. Immersive Dinner: Per una Immersive Dinner, l'immersione è l'obiettivo primario. Ogni elemento della cena – dal tema al design dello spazio – è progettato per trasportare gli ospiti in un altro mondo. Gli attori possono interpretare personaggi, gli ambienti possono cambiare in base alla narrazione e le portate possono rappresentare tappe di un viaggio gastronomico.

4. Location Dinner: La location stessa può giocare un ruolo centrale nell'immersione. Per esempio, una cena in un castello medievale o su una spiaggia al tramonto crea un contesto naturale o storico che amplifica l'esperienza sensoriale. Gli ospiti sono immersi nel paesaggio e nell'atmosfera del luogo, con elementi come la luce naturale o i suoni ambientali che arricchiscono l'esperienza. Esempio: Una cena in un vigneto al tramonto, dove gli ospiti possono camminare tra i filari e degustare l'uva direttamente dalla vigna, con un'atmosfera rilassante creata da lanterne e suoni della natura.

5. Narrative Dinner: La Narrative Dinner offre un'immersione attraverso la narrazione. Gli ospiti seguono una storia che si sviluppa con ogni portata, e possono essere coinvolti attivamente nella trama. La narrazione guida l'esperienza, con l'aggiunta di elementi come la musica e la scenografia che rafforzano il coinvolgimento.

6. Dinner Show: In una Dinner Show, l'immersione è creata attraverso la combinazione di cibo e spettacolo. L'interazione tra gli artisti e gli ospiti, i numeri di danza o magia eseguiti tra le portate, e l'ambientazione tematica aiutano a coinvolgere i partecipanti in un'esperienza di intrattenimento totale. Esempio: Un'esperienza di cena con spettacoli circensi, dove acrobati e giocolieri eseguono performance tra i tavoli, creando un ambiente dinamico che mantiene alta l'attenzione degli ospiti.

7. Art Dinner: La Art Dinner può offrire immersione attraverso l'integrazione di arte e gastronomia. Ogni piatto può essere concepito come un'opera d'arte, e la cena può essere accompagnata da performance artistiche, come pittori che lavorano dal vivo o ballerini che interpretano i piatti. Esempio: Una cena dove ogni piatto è ispirato a un'opera d'arte famosa e presentato in un contesto che richiama i colori e le forme dell'artista, con proiezioni e musica che arricchiscono l'esperienza visiva e sensoriale.

8. School Dinner: L'immersione in una School Dinner può essere ottenuta attraverso la partecipazione attiva degli ospiti. Gli ospiti non solo imparano nuove tecniche di cucina, ma sono coinvolti in un'esperienza pratica in cui ogni fase del processo culinario è parte della narrazione complessiva.

9. Wellness Dinner: In una Wellness Dinner, l'immersione è ottenuta attraverso un ambiente di calma e serenità, dove ogni dettaglio è progettato per promuovere il benessere. L'illuminazione soffusa, la musica rilassante e i piatti equilibrati contribuiscono a creare un'esperienza che stimola il rilassamento e il benessere fisico e mentale.

10. Sustainable Dinner : In una Sustainable Dinner, l'immersione può essere raggiunta attraverso la connessione diretta tra gli ospiti e l'ambiente. La cena può essere accompagnata da narrazioni sugli ingredienti locali e biologici, con la possibilità per gli ospiti di partecipare attivamente al processo di selezione o raccolta degli ingredienti. Esempio: Una cena dove gli ospiti visitano una fattoria biologica e raccolgono parte degli ingredienti utilizzati per la preparazione dei piatti, creando una connessione tangibile con la terra e i prodotti consumati.

Ricotta, Pani Cunzatu e Antiche Storie Siciliane

Nel caso di studio "Ricotta, Pani Cunzatu e Antiche Storie Siciliane", l'immersione è la conseguenza diretta dell'applicazione di tutti gli altri principi, in particolare quelli di multisensorialità, partecipazione diretta, approccio estetico e approccio tematico.

La combinazione di questi elementi – narrazione, coinvolgimento attivo, ambientazione e multisensorialità – trasporterà gli ospiti in una vera e propria immersione nella Sicilia antica. Ogni dettaglio, dalla musica alla preparazione dei piatti, sarà studiato per far vivere l'esperienza come un viaggio nel tempo, in cui i partecipanti si sentiranno parte integrante della tradizione siciliana.

Tutti gli esempi riportati a proposito della Immersive Dinner sono da considerare come esempi che rispettano il principio di immersione. Vediamo ulteriori esempi:

Chambers of Flavour (Londra, Regno Unito)

Questo evento segreto e itinerante porta gli ospiti attraverso una serie di stanze a tema, ciascuna con una diversa ambientazione e menu abbinato. Ogni ambiente rappresenta un diverso "mondo", come una casa sott'acqua abitata da sirene, con piatti ispirati al mare. Gli ospiti sono coinvolti attivamente e devono esplorare diversi scenari durante il pasto.

Video: https://youtu.be/rzNzXCNmAYI?si=CSXIwvG5tJ5jOGCI

Terra Mundo by The House of Gastrophonic (Londra, Regno Unito)
Terra Mundo è un evento che trasporta gli ospiti attraverso tre ambienti naturali: foresta, fuoco e oceano. Ogni portata è progettata per riflettere questi elementi naturali, accompagnata da suoni e proiezioni visive che completano l'esperienza sensoriale e immersiva. La combinazione di cucina raffinata e ambientazioni tematiche crea un viaggio emotivo e multisensoriale.

Link al sito web: https://www.terramundoexp.com/

"Immersive Show Dinner" – Villa Borghese - Roma

La Casina Valadier, Immersive Show Dinner Italia, situata nel cuore di Villa Borghese offre un'esperienza che nasce dalla integrazione tra eccellenze eno-gastronomiche, immagini, musica, performance live ed effetti speciali.

Link alla scheda web:

https://www.itinerariesperienziali.it/directory-offerte/listing/immersive-show-dinner-italia-villa-borghese-roma/

Video:

https://youtu.be/uFJI9jhIKHM?si=qymJZup_PZUq1yDW

3. Dinner Experience e professioni di riferimento

3.1 Nuove Figure Professionali

L'evoluzione del settore enogastronomico verso un'ottica esperienziale richiede la creazione di nuove figure professionali che si specializzino nella Dinner Experience. Questo cambiamento non riguarda solo l'innovazione nel modo in cui il cibo viene preparato e servito, ma anche il modo in cui l'esperienza gastronomica viene progettata, coordinata e vissuta. La trasformazione del settore enogastronomico non solo coinvolge figure tradizionali come chef, sommelier e manager, ma introduce anche professionisti dedicati alla creazione e alla gestione di esperienze piene.

L'integrazione tra Dinner Experience Manager, Specialisti in Dinner Experience e figure storiche come Chef, Sommelier Bartender, Barman Acrobatico, Restaurant Manager ed altre figure del settore enogastronomico, permette di creare un ecosistema culturale in cui il cibo non è solo gustato, ma vissuto in maniera completa e trasformativa.

Il cambiamento delle aspettative del pubblico, che oggi cerca esperienze che coinvolgano la cultura, l'estetica e l'innovazione culinaria, sta trasformando profondamente il settore enogastronomico. La Dinner Experience non è più soltanto un pasto, ma un evento che mira a stimolare e coinvolgere i sensi e le emozioni dei partecipanti, richiedendo competenze altamente specializzate e nuove professionalità in grado di orchestrare questi eventi complessi.

L'evoluzione del settore enogastronomico verso un'ottica esperienziale ha aperto la strada a una nuova era di professionalità specializzate, capaci di trasformare una cena in un evento esperienziale. Le nuove figure professionali come il Dinner Experience Manager e lo Specialista in Dinner Experience sono essenziali per orchestrare esperienze culinarie sofisticate, mentre le figure storiche come chef, sommelier, bartender e altre figure manageriali del settore devono arricchire le loro competenze per integrarsi in questo ecosistema. Questo nuovo approccio non solo arricchisce il mondo della ristorazione, ma lo rende anche più emozionale e coinvolgente, rispondendo alla crescente domanda di esperienze uniche e memorabili.

Nuove figure professionali

Con l'aumento della domanda di esperienze enogastronomiche immersive, emergono nuove figure professionali che si specializzano nel creare percorsi esperienziali attorno al cibo. Tra queste spiccano:

- Dinner Experience Manager
- Specialista in Dinner Experience

Dinner Experience Manager

Il **Dinner Experience Manager** è una figura professionale altamente specializzata e centrale nella ideazione, progettazione, promozione e organizzazione di esperienze culinarie esperienziali. Questo ruolo si distingue per la capacità di progettare e orchestrare cene che vanno oltre il semplice atto del mangiare, trasformando il pasto in un evento esperienziale che coinvolge i partecipanti a livello sensoriale, emotivo e intellettuale. Il Dinner Experience Manager ha l'obiettivo primario di garantire che il progetto esecutivo della esperienza si concretizzi in un evento enogastronomico unico, memorabile e curato nei minimi dettagli, offrendo una totale immersione nell'ambiente e nel tema scelto.

Il Dinner Experience Manager collabora strettamente con chef, sommelier, personale di sala e altre figure professionali. Questa collaborazione consente di mantenere un equilibrio tra obiettivi culinari, culturali ed esperienziali, assicurando che tutti gli elementi dell'esperienza siano armonizzati per creare un ambiente immersivo.

Questo ruolo richiede una profonda conoscenza del settore enogastronomico, culturale e organizzativo, nonché competenze nella progettazione e realizzazione di eventi esperienziali, con particolare attenzione alla gestione delle location, alla logistica e alla comunicazione con il pubblico e gli stakeholder.

Il Dinner Experience Manager deve possedere una spiccata sensibilità per la multisensorialità e per la creazione di narrazioni che guidino l'esperienza degli ospiti, integrando elementi visivi, sonori, olfattivi e tattili.

Il Dinner Experience Manager può esercitare la propria professione in qualità di dipendente, consulente autonomo, o responsabile delle proprie offerte culturali.

Link allo schema di riferimento per il riconoscimento professionale del Dinner Experience Manager :

https://www.aiptoc.it/dinner-experience-manager/

Lo Specialista in Dinner Experience è una figura professionale dedicata alla progettazione, gestione e conduzione di eventi enogastronomici che si distinguono per il loro carattere esperienziale e multisensoriale. Questa figura ha il compito di trasformare una semplice cena in un evento culturale, sensoriale ed emozionale, integrando i vari principi esperienziali per coinvolgere attivamente gli ospiti e offrire loro un'esperienza unica e memorabile.

Lo Specialista in Dinner Experience ha una profonda conoscenza dei principi esperienziali, che includono la multisensorialità, l'immersione, l'interazione diretta e l'approccio estetico e narrativo. Possiede le competenze per creare un'esperienza che stimola i sensi e coinvolge emotivamente i partecipanti, lavorando su elementi come la presentazione dei piatti, la creazione di ambienti coerenti con il tema e la narrazione che guida l'evento.

Lo Specialista in Dinner Experience può ricoprire diversi ruoli all'interno del settore enogastronomico. Spesso si tratta di uno chef, sommelier, restaurant manager, dinner relations manager o di altre figure manageriali del settore, che possiedono competenze specifiche nella progettazione esperienziale. Tuttavia, questa figura professionale può anche operare come membro di un team all'interno di una struttura, collaborando strettamente con altre figure per la realizzazione di esperienze culinarie immersive e multisensoriali.

Link allo schema di riferimento per il riconoscimento professionale per lo Specialista in Dinner Experience:

https://www.aiptoc.it/specialista-in-dinner-experience/

La differenza tra il **Dinner Experience Manager** e lo **Specialista in Dinner Experience** risiede principalmente nell'ambito di competenze e nel livello di responsabilità all'interno della progettazione e gestione di esperienze culinarie.

- Il **Dinner Experience Manager** ha una **visione globale** e strategica dell'evento, orchestrando tutti gli aspetti dall'inizio alla fine, con un focus sulla **progettazione complessiva** e sulla gestione.

- Lo **Specialista in Dinner Experience**, invece, ha un **ruolo più operativo**, concentrandosi sull'applicazione concreta dei principi esperienziali e spesso ricoprendo una posizione più tecnica o esecutiva all'interno del team.

Figure Storiche e la Loro Evoluzione

Le figure storiche nel settore enogastronomico, come lo chef, il sommelier, il restaurant manager, e altre figure tradizionali, Sono destinate ad attraversare un'importante evoluzione per adattarsi al nuovo paradigma delle Dinner Experience. Sebbene queste figure mantengano le loro competenze di base, l'integrazione dei principi della Dinner Experience offre loro l'opportunità di ampliare il proprio ruolo e contribuire a esperienze culinarie più coinvolgenti, immersive e sensoriali. La nascita di nuove figure come il Dinner

Experience Manager e lo Specialista in Dinner Experience non solo arricchisce il panorama professionale, ma facilita una stretta collaborazione tra le nuove e le tradizionali professioni del settore. Di seguito solo un breve riferimento ad alcune professioni storiche.

- **Chef:** L'evoluzione del ruolo dello chef nella Dinner Experience implica non solo la preparazione di cibi di alta qualità, ma anche la capacità di **narrare storie** attraverso i piatti, creando percorsi culinari che sono parte integrante del tema e dell'atmosfera.

- **Sommelier**: Il sommelier non si limita più a selezionare vini in base alla loro qualità e abbinamento con i piatti, ma diventa un interprete dell'esperienza sensoriale, narrando storie legate al vino, alla sua origine, al processo di produzione e creando una connessione emotiva con il pubblico. Attraverso degustazioni guidate e l'uso di tecniche di presentazione innovative, il sommelier contribuisce a rendere il vino una parte integrante dell'esperienza multisensoriale.

- **Restaurant Manager**: Il restaurant manager si evolve in un ruolo più complesso, dove diventa non solo responsabile delle operazioni quotidiane, ma anche della creazione di esperienze immersive. Grazie alla formazione in Dinner Experience, il manager può progettare menu, ambienti e interazioni che seguano i principi esperienziali, collaborando con chef e le altre figure professionali per garantire un'esperienza completa e integrata.

- **Bartender/Barman Acrobatico**: Il ruolo del bartender (Executive Bar Manager) o del Barman Acrobatico (Flair Bartender) si arricchisce di elementi esperienziali. Non solo prepara cocktail, ma li integra nell'esperienza complessiva, utilizzando tecniche acrobatiche o ingredienti che si allineano con il tema scelto, creando drink che non solo soddisfano il gusto, ma stimolano anche altri sensi.

3.2 Il Riconoscimento Professionale nella Dinner Experience

Si pone il problema sul riconoscimento formale di tali professioni, sia le nuove che quelle considerate storiche.

In Italia, esiste un percorso per la legittimazione dei professionisti del settore turistico e culturale compreso le figure professionali operanti nel settore delle esperienze.

Il DPCM 14/10/2021, noto come "Decreto reclutamento" e pubblicato nella Gazzetta Ufficiale n. 268 del 10/11/2021, fornisce per la prima volta una definizione legale di "professionista". In sintesi è professionista chi:

- è iscritto a un albo, collegio o ordine professionale;
- possiede attestazione rilasciata ai sensi della L. 4/2013;
- possiede certificazione UNI.

Per tutte le figure professionali per cui non esistono albi, e considerando la tendenza europea a non incentivare la creazione di nuovi albi nazionali a causa delle difficoltà di riconoscimento a livello europeo, le uniche opzioni disponibili per il riconoscimento dei requisiti professionali, in conformità con la normativa vigente, almeno in Italia, sono l'attestazione secondo la Legge 4/2013 o la certificazione UNI.

Certificazione o Attestazione ai sensi della Legge 4/2013?

La certificazione non è facilmente proponibile, almeno in Italia, se non dopo un passaggio che porti alla definizione di norme tecniche emanata dall'Ente nazionale italiano di unificazione (UNI). Una tale norma potrebbe anche essere recepita dall'Organismo di Normazione Europea (EN) ed infine dall'Organizzazione Internazionale per la Standardizzazione (ISO).

Il passaggio proposto, almeno in ambito nazionale italiano, è strutturato in due fasi chiave, mirate a garantire un riconoscimento professionale in linea con gli standard europei e nazionali:

1. Riconoscimento delle competenze professionali ai sensi della Legge 4/2013 sulla base di schemi di riconoscimento in linea con gli standard europei **EQF** ed **ECVET**. Inoltre, è preferibile che gli schemi di riconoscimento adottati siano coerenti anche con lo standard ANPR UNI.

2. Certificazione in base a specifiche norme UNI. Ciò garantisce anche una maggiore uniformità, trasparenza e riconoscibilità delle competenze sul mercato del lavoro.

In relazione alla prima fase AIPTOC ha sviluppato i propri schemi per il rilascio dell'attestazione ai sensi della L. 4/2013, in linea ai già citati standard EQF, ECVET e ANPR.

Tutti gli schemi elaborati da AIPTOC, si basano su un modello denominato "Ciclo delle Competenze". Questo modello costituisce un ponte tra il mondo dell'istruzione e quello del lavoro, di norma caratterizzati dai seguenti standard:

- **Standard Professionali** (SP): basati sui compiti e i risultati ottenuti in un contesto lavorativo.
- **Standard Formativi** (SF): riguardano il processo di acquisizione e valutazione delle competenze

Questo modello facilita la creazione di profili professionali (SP) fondati sulle competenze (espresse in termini di Conoscenze, Abilità e Autonomia e Responsabilità) e di Standard Formativi (SF) basati sui risultati dell'apprendimento. Tali risultati sono espressi in termini di conoscenze, abilità, responsabilità e autonomia, radicandosi, dunque, nel concetto di competenza stessa.

Per le figure professionali menzionate in questo capitolo, è possibile consultare gli schemi predisposti da AIPTOC nella pagina dedicata al Repertorio delle Professioni del Turismo, delle Arti, dello Spettacolo e del Patrimonio Culturale, disponibile al seguente indirizzo web:

https://www.itinerariesperienziali.it/repertorio-delle-professioni-del-turismo-delle-arti-e-del-patrimonio-culturale/

L'importanza di un riconoscimento di una Associazione autorizzata ai sensi della Legge 4/2013 è ormai evidenziata da ulteriori elementi normativi intervenuti negli ultimi anni, di seguito solo un breve estratto:

- 2024: Ordinanza del Consiglio di Stato Sez. VII 995/2024: che introduce nuovi elementi che assimilano le professioni ordinistiche a quelle regolate dalla Legge 4/2013.
- 2023: Con il D.M. 4.8.2023 n. 109 il Ministro della Giustizia ha adottato il regolamento che stabilisce i requisiti per l'iscrizione all'albo dei consulenti tecnici di ufficio, nonché la formazione, la tenuta e l'aggiornamento di tale albo.
- 2022: Microcredito. L'intervento del Fondo mediante la concessione di una garanzia pubblica sulle operazioni di microcredito è ammesso per i professionisti iscritti agli ordini professionali o alle associazioni professionali iscritte nell'elenco tenuto dal Ministero dello sviluppo economico ai sensi della legge 4/2013.
- 2022: il DPCM 14/10/2021 mette sullo stesso piano, ai fini dell'inserimento nella Pubblica Amministrazione, le professioni non ordinistiche a quelle ordinistiche, infatti ai fini del decreto si intende per: "professionista": la persona fisica iscritta ad un albo, collegio o ordine professionale e i professionisti come definiti ai sensi dell'art. 1 della legge 14 gennaio 2013, n. 4, in possesso dell'attestazione di qualità e di qualificazione professionale dei servizi ai sensi dell'art. 7 della legge 14 gennaio 2013, n. 4, rilasciata da un'associazione professionale inserita nell'elenco del Ministero dello sviluppo economico, o in possesso di certificazione in conformità alla norma tecnica UNI ai sensi dell'art. 9 della legge 14 gennaio 2013, n. 4 (Art. 1 DPCM 14/10/2021
- 2019 Il MIBACT con il D.M. 244 del 20 maggio 2019 ha istituito l'elenco nazionale dei "Professionisti dei beni culturali" relativo alle seguenti professioni: Antropologo fisico, Archeologo, Archivista, Bibliotecario, Demoetnoantropologo,

Esperto di diagnostica e di scienze e tecnologia applicate ai beni culturali, Storico dell'arte. Le associazioni ex Legge 4/2013, sono considerate associazioni certificanti ai sensi dell'art. 4, comma 7 del D.M 244/2019, per il riconoscimento dei requisiti professionali ai fini dell'inserimento nell'elenco nazionale dei "Professionisti dei beni culturali".

Per chi volesse approfondire gli argomenti trattati nel presente volume può fare riferimento ai corsi indicati nella pagina web, dedicata alla formazione:

https://www.centrostudihelios.it/speciale-professionisti-delle-esperienze/

Bibliografia utile

Charles Spence - Gastrofisica: la nuova scienza del mangiare – Readrink edizioni 2020

Qualità, Modelli Operativi e Competitività dell'Offerta Turistica di Ignazio Caloggero. Edizioni Centro Studi Helios 2019

Ignazio Caloggero: Percorsi Esperienziali e Interpretazione del Patrimonio Culturale Vol. 1: Origini e Principi Teorici – Centro Studi Helios 2022

Ignazio Caloggero: Dagli Ecomusei ai Centri di Esperienze di Interpretazione del Patrimonio Culturale – Centro Studi Helios 2023

Ignazio Caloggero - Turismo, Arte e Patrimonio Culturale: Profili Professionali e Nuovo Quadro delle Competenze – Edizioni Centro Studi Helios – Ragusa 2022

Centri di Interpretazione del Patrimonio: Il Manuale Hicira

Freemn Tilden – Interpretare il nostro Patrimonio – Edizione italiana del 2019 – Libreria Geografica

Franco Bianco: Introduzione all'ermeneutica - Laterza 1998

Hugues De Varine: L'ecomuseo singolare e plurale – Utopie Concrete -2021

Direttiva 2005/36/CE del Parlamento Europeo e del Consiglio del 7 settembre 2005 relativa al riconoscimento delle qualifiche professionali

Direttiva 2013/55/UE del Parlamento europeo e del Consiglio, recante modifica della direttiva 2005/36/CE, relativa al riconoscimento delle qualifiche professionali

Raccomandazione del Consiglio sul quadro europeo delle qualifiche per l'apprendimento permanente del 22 maggio 2017 (European Qualification Framework – EQF), che abroga la precedente raccomandazione del 23 aprile 2008

Raccomandazione del Parlamento europeo e del Consiglio del 18 giugno 2009 sull'istituzione di un sistema europeo di crediti per l'istruzione e la formazione professionale (ECVET) – (2009/C 155/02).

Raccomandazione del Parlamento europeo e del Consiglio del 18 giugno 2009 sull'istituzione di un quadro europeo di riferimento per la garanzia della qualità dell'istruzione e della formazione professionale

Raccomandazione del Consiglio del 20 dicembre 2012 sulla convalida dell'apprendimento non formale e informale (2012/C 398/01)

Linee guida europee per la convalida dell'apprendimento non formale e informale – Centro Europeo per lo Sviluppo della Formazione Professionale (CEDEFOP) – 2016

Decreto MLPS – MIUR 08/01/2018 "Istituzione del Quadro nazionale delle qualificazioni rilasciate nell'ambito del Sistema nazionale di certificazione delle competenze di cui al decreto legislativo 16 gennaio 2013, n. 13"

Sistema europeo per l'accumulazione e il trasferimento di crediti (ECTS) Guida per l'utente, 2009)

UNI 11697:2017: "Attività professionali non regolamentate – Profili professionali relativi al trattamento e alla protezione dei dati personali – Requisiti di conoscenza, abilità e competenza".

UNI 11506: Attività professionali non regolamentate – Figure Professionali operanti nel settore ICT – Requisiti per la valutazione e certificazione delle conoscenze, abilità e competenze per i profili professionali ICT basati sul modello e-CF

UNI 11621-1 "Metodologia per la costruzione di profili professionali basati sul sistema e-CF" a sua volta ripreso dal CWA 16458 predisposto dal CEN Workshop Agreement. Il modello, pur essendo stato sviluppato per i profili ICT, ha il vantaggio che può essere applicato in qualsiasi settore.

Schema APNR (Attività Professionali Non Regolamentate) adottato dall'UNI per la normazione tecnica in ambito APNR

Guida CEN 14 "Linee guida di indirizzo per le attività di normazione sulla qualificazione delle professioni e del personale.

Bloom, B.S. (Ed.), Engelhart, M.D., Furst, E.J., Hill, W.H. and Krathwohl, D.R. Taxonomy of Educational Objectives: Handbook 1: Cognitive Domain. (1956)

Anderson, L.W., Krathwohl, D.R. (Eds.) A Taxonomy for Learning, Teaching and Assessing. A Revision of Bloom's Taxonomy of Educational Objectives. (2001)

B. Joseph Pine, James H. Gilmore: L'economia delle esperienze. Oltre il servizio – Etas 2000, Rizzoli 2013

Bernd H. Schmitt: Experiential Marketing. The Free Press New York – 1999

David Allen Kolb: Experiential learning: experience as the source of learning and development – New Jersey 1984

www.ingramcontent.com/pod-product-compliance
Lightning Source LLC
LaVergne TN
LVHW060555200726
843509LV00003B/125